Você, o seu Temperamento e um Propósito

Roberta Fázio
@robertafazio

Você, o seu Temperamento e um Propósito

Ágape

São Paulo, 2025

Você, o seu temperamento e um propósito
Copyright © 2024 by Roberta Fázio
Copyright © 2024 by Ágape Editora

Editor: Luiz Vasconcelos
Produção editorial: Letícia Teófilo
Preparação: Alessandro Thomé
Revisão: Driciele Souza e Letícia Teófilo
Projeto gráfico, composição de capa e diagramação: Marília Garcia
Ilustrações de capa e de miolo: Roberta Fázio

Texto de acordo com as normas do Novo Acordo Ortográfico da Língua Portuguesa (1990), em vigor desde 1º de janeiro de 2009.

Dados Internacionais de Catalogação na Publicação (CIP)
Angélica Ilacqua CRB-8/7057

Fázio, Roberta
Você, o seu temperamento e um propósito / Roberta Fázio
-- Barueri, SP: Novo Século Editora, 2024.
192 p.

ISBN 978-65-5724-144-8

I. Título II. Autor.
1. Psicologia aplicada do comportamento. 2. Vida espiritual. 3. Moral cristã.

CDD-158.1 / 235 / 240

Índice para catálogo sistemático:
1. Psicologia aplicada do comportamento – 158.1
2. Vida espiritual – 235
3. Moral cristã – 240

GRUPO NOVO SÉCULO
Alameda Araguaia, 2190 – Bloco A – 11º andar – Conjunto 1111
CEP 06455-000 – Alphaville Industrial, Barueri – SP – Brasil
Tel.: (11) 3699-7107 | E-mail: atendimento@gruponovoseculo.com.br
www.gruponovoseculo.com.br

Dedico este livro aos meus preciosos filhos, Daniel e Carolina, que têm inspirado minha caminhada pela estrada do autoconhecimento à luz da Palavra de Deus. Decidi me especializar na ciência dos quatro temperamentos para ser uma mãe melhor, capaz de compreender e honrar as particularidades de cada um de vocês.

"'Porque sou eu que conheço os planos que tenho para vocês', diz o Senhor, 'planos de fazê-los prosperar e não de lhes causar dano, planos de dar-lhes esperança e um futuro'."

JEREMIAS 29:11

SUMÁRIO

PROPÓSITO DESTE LIVRO 12

PREFÁCIO 14

CAPÍTULO 1 - VOCÊ 20

CAPÍTULO 2 - PROPÓSITO 24

CAPÍTULO 3 - MAS COMO? 30

CAPÍTULO 4 - OS TRÊS CONHECIMENTOS 36

CAPÍTULO 5 - OS QUATRO TEMPERAMENTOS 46

CAPÍTULO 6 - RELACIONAMENTOS 102

CAPÍTULO 7 - A VIDA CRISTÃ 150

CAPÍTULO 8 - PERSONAGENS BÍBLICOS 164

TESTE PARA DESCOBRIR O SEU TEMPERAMENTO 188

DEPOIMENTOS

Roberta é uma querida amiga, entrou na minha vida de maneira inesperada, por meio de um projeto on-line que fizemos juntas, fomos literalmente apresentadas por Deus. Desde então, sinto que o Senhor nos uniu de uma forma especial. Ela se tornou uma presença constante e significativa nesta estação da minha vida, trazendo luz e sabedoria em cada conversa que temos.

Roberta é uma mulher de fé, força e sensibilidade, qualidades que se refletem profundamente em seu livro *Você, o seu temperamento e um propósito*.

Este livro é uma ferramenta poderosa para todos que buscam compreender a si mesmos e encontrar um propósito maior em suas vidas. A maneira como ela aborda os temperamentos humanos com tanta empatia e clareza é admirável e transforma o entendimento pessoal em um caminho de crescimento espiritual.

Escrever sobre Roberta e seu livro é uma honra para mim. Sua amizade e seu trabalho são um testemunho de como Deus pode usar pessoas comuns para fazer coisas extraordinárias. Cada página de seu livro ressoa com a sua paixão por ajudar mulheres a se conhecerem melhor e a viver de acordo com o propósito que Deus tem para elas.

Com carinho e admiração, celebro essa incrível mulher e sua contribuição valiosa para todos nós.

Adna Cristoni, Líder da Overflowing / @adnacristoni

Um dos maiores questionamentos do ser humano é: qual é o meu propósito nesta terra? É maravilhoso contemplar pessoas que vivem o seu propósito, sabendo quem realmente são, pois antes do FAZER existe o SER. Roberta Fázio tem essa linda missão de ajudar-nos a encontrarmos o nosso SER, permitindo-nos conhecer os temperamentos de uma forma alegre, leve e, ao mesmo tempo, profunda. Isso nos ajuda a estabelecer uma conexão com nossa identidade real ao compreendermos que não há certo ou errado, e que Deus não comete erros ao nos criar. Podemos ser sanguíneos, melancólicos, coléricos ou fleumáticos, mas, acima de tudo, somos filhos de Deus.

Aline Sartorato
pastora na Lagoinha Tampa Church, FL

No complexo labirinto da vida moderna, onde o tempo parece escorrer por entre os dedos como areia fina, Roberta Fázio nos convida a uma pausa reflexiva com seu livro *Você, o seu temperamento e um propósito*. Você será guiado a entender que a viagem mais profunda e reveladora é aquela que fazemos para dentro de nós mesmos. Cada página é um espelho cristalino que reflete nossas dúvidas, sonhos e esperanças, encorajando-nos a abraçar a vulnerabilidade e a força que residem em nosso ser. Ela nos guia por um caminho de autodescoberta, onde o autocuidado não é um luxo, mas uma necessidade vital. Mais do que isso, ela nos leva a colocar nosso temperamento nas mãos de Deus, permitindo que Ele o transforme e aperfeiçoe conforme Seu propósito divino. Este livro é um abrigo de palavras, um refúgio onde podemos redescobrir a beleza de sermos nós mesmos em um mundo que constantemente nos pede para sermos algo diferente. Aqui, cada linha é uma vela acesa, iluminando o caminho para a plenitude e o bem-estar, e nos encorajando a não apenas sobreviver, mas a verdadeiramente florescer em nosso próprio ser.

Tati Soeiro
pastora Igreja ADAI, São Paulo, SP.

Conhecer sobre o nosso temperamento é um ferramenta poderosa para nos parecermos mais com Jesus, valorizarmos aquilo que vem Dele e os pontos fracos derramarmos aos pés da cruz, aperfeiçoando intencionalmente por meio do espírito cada impulso até que não sejamos escravas das nossas emoções, mas prismas que refletem quem Deus é.

Identidade já era um tema que Deus trabalhava em meu coração, mas ainda não conhecia sobre temperamentos, por meio da Roberta Fázio pude entender ainda mais sobre quem eu sou e trabalhar para ser a minha melhor versão nEle.

Sem dúvidas, conhecer sobre o seu temperamento vai clarear suas reações, seus impulsos e por meio do Espírito Santo você vai conseguir amadurecer, se desenvolver para que Ele seja visto e glorificado.

Larissa Couto,
pastora na Lagoinha Fort Myers, FL.

Deus, um Deus estratégico e perfeito, preparou esta mulher como mãe, esposa e serva Dele para cuidar e auxiliar outras mulheres em seu processo de autoconhecimento. Melhor ainda, Ele a capacita a entender completamente a realidade dos filhos. Roberta Fázio é uma filha de Deus que ao longo dos anos Ele moldou e preparou para um propósito maior. Que Deus esteja em cada letra de cada parágrafo e em cada página deste livro, abençoando vidas por meio do seu testemunho. Sei que você traz algo importante para os dias de hoje, chamado coerência. Deus te abençoe.

Wander Marques
Psicanalista clínico familiar

A Roberta é uma grande e querida amiga que se permitiu ser transformada e usada por Deus para levar muitas mulheres a descobrirem, por meio do autoconhecimento, a verdadeira identidade em Cristo.

Pequenas chaves abrem grandes tesouros; e Deus escolheu e capacitou a melhor pessoa para nos trazer essas chaves.

Espero que todos aproveitem bem o tesouro contido nestas paginas. Com certeza, essas preciosidades nos ajudarão a sermos, independentemente do temperamento, mais parecidas com Cristo.

Eu posso garantir que este não é mais um livro que chegou às suas mãos, mas, sim, um manual que a levará para mais perto de Deus e da sua verdadeira identidade: filha amada do Pai!

Danielle Moozi
Influencer @esposavirtuosa

Com uma visão essencialmente cristã, esta leitura valiosa nos guia ao autoconhecimento. À medida que nos entendemos melhor, nos tornamos mais capazes de lidar com as pessoas ao nosso redor.

Ruslana Oliveira
Psicóloga

PROPÓSITO DESTE LIVRO

Quando olhamos para dentro, encontramos um vasto território de perguntas sem respostas definitivas. Quem somos nós, afinal? Somos filhas, esposas, mães, profissionais, vizinhas, amigas. Somos únicas em nossa singularidade, moldadas por histórias individuais que nos definem.

Este livro nasce do desejo de explorar não apenas quem somos, mas também para onde vamos. Você TEM um temperamento específico. Sua vida TEM um propósito definido. Mas, acima de tudo, você É filha. Este é o alicerce inabalável sobre o qual construímos nossa jornada de descoberta pessoal e espiritual.

Nas próximas páginas, mergulharemos no estudo dos quatro temperamentos e no significado profundo de viver com propósito. Exploraremos como cada aspecto de quem somos – nossas características, desafios e dons únicos – contribui para o plano maior que Deus tem para nós.

É hora de abraçar quem somos plenamente, para que, equipadas com autoconhecimento e fé, possamos viver cada dia alinhadas ao propósito eterno que Deus nos designou.

PREFÁCIO

Deus não desperdiça recursos. Tudo que Ele cria tem um propósito para seu Reino.

Dessa forma, nenhum detalhe ou aspecto de nossa vida deve passar despercebido. Ao contrário: recebemos entendimento sobre quem somos e clareza sobre o nosso propósito quando levamos tudo para a presença do nosso Pai Celestial.

Somente então nós podemos nos posicionar de maneira a viver uma vida abundante, cheia de propósito e significado. Uma vida que não apenas nos traz o sentimento de realização, mas que o faz resplandecendo a Glória de Deus e promovendo transformação nas pessoas ao nosso redor.

Podemos realizar boas obras com os dons e talentos que temos. Mas somente quando os depositamos aos pés da cruz é que nós experimentamos o mover sobrenatural do Espírito Santo, o qual amplia a profundidade e o alcance do nosso trabalho muito além do que jamais poderíamos imaginar.

Esse processo é exatamente o que tenho testemunhado na vida da Roberta. Desde que a conheci pude perceber (e admirar) sua graça natural para interagir com as pessoas, sua capacidade de aplicar empatia para ouvir, sua sabedoria para aconselhar em amor. Já era evidente que ela vivia o ministério para mulheres de maneira natural no seu dia a dia, alcançando e inspirando suas amigas e demais pessoas de seu convívio.

O outro lado da Roberta que a tornava ainda mais singular era sua criatividade multiforme, que já havia se manifestado nas mais diversas áreas, tais como na elaboração de projetos arquitetônicos e de design de interior, bem como em diversos outros projetos artísticos de cenografia e decoração para eventos.

Quando Deus nos chamou para o ministério missionário, não poderíamos imaginar o que Ele estava desenhando para o futuro. Porém, à medida que dávamos pequenos passos de obediência, mais o Espírito de Deus revelava novos aspectos de sua jornada para nós.

E foi nessa caminhada missionária onde a Roberta recebeu as primeiras profecias sobre seu dom para escrever e sobre seu ministério com mulheres. Quando ela apresentou seus dons e talentos aos pés da cruz, ela passou a experimentar o direcionamento do Espírito Santo de Deus e as coisas começaram a acontecer.

Sempre com muito foco e dedicação, ela não desprezou os pequenos começos e sempre trabalhou muito para compartilhar sua caminhada pessoal com Cristo. Inicialmente escrevendo em seu blog na internet, depois gravando os primeiros vídeos, e por fim mergulhando a fundo na área de ilustração.

Foi nesse momento que toda sua experiência de vida começou a convergir para um ponto em comum: ela estava utilizando seus dons artísticos para comunicar verdades eternas com outras mulheres, e dessa forma inspirando-as a buscar o verdadeiro autoconhecimento que só é possível por meio de um relacionamento íntimo com o Pai.

Quando esse alinhamento aconteceu, tudo passou a crescer muito rapidamente. Em questão de meses o trabalho ministerial da Roberta passou a alcançar milhares de mulheres na internet, algo que nós jamais poderíamos ter imaginado ou mesmo sonhado como possível. E por novo alcance, novas portas começaram a se abrir para ela ministrar a mulheres em inúmeras igrejas pelos Estados Unidos.

A história da Roberta é uma testificação de que não há limites para o que Deus pode fazer através de uma vida completamente rendida em sua presença. É na intimidade do Pai que recebemos a revelação de quem nós somos e para qual propósito fomos criados.

Minha oração é que este livro possa te inspirar a buscar um relacionamento íntimo com Deus. Que você possa experimentar a liberdade e a novidade de vida que vem do autoconhecimento enraizado nos princípios da Palavra de Deus. Que você possa viver uma transformação à medida em que caminha no propósito do Pai para sua vida.

MARCO PAULO
ESPOSO

Os 4 Temperamentos

DESCUBRA O SEU

REAGE RÁPIDO
ESTÁ SEMPRE PRONTA PARA OPINAR. SENTE A NECESSIDADE DE EXPRESSAR SUAS EMOÇÕES RAPIDAMENTE. (explosivas).

fogo

ar

QUENTE

EXTROVERTIDOS — EXTROVERTIDOS

Sanguíneo | **Colérico**

NÃO GUARDA RANCOR

GUARDA RANCOR FICA MARCADO PELOS ACONTECIMENTOS.

ÚMIDO | SECO

NÃO FICA MARCADO POR MUITO TEMPO PELOS ACONTECIMENTOS. perdoa fácil. envolventes

(RIGIDEZ, TEIMOSIA, NÃO SE ADAPTA FÁCIL.) acha difícil perdoar.

Fleumático | **Melancólico**

INTROVERTIDOS — INTROVERTIDOS

água

FRIO

terra

REAGE LENTAMENTE
É UMA PESSOA QUE PRECISA SE RECOLHER E REFLETIR ANTES DE SE EXPRESSAR.
(as coisas acontecem mais dentro da pessoa do que fora).
PESSOAS MAIS CAUTELOSAS

CAPÍTULO 1

VOCÊ

Você. Este capítulo do livro é para você.

Quem é você? Mariana, Laís, Maria? Carla, Juliana, Rebeca, Carolina? Você é Alice, Fernanda ou Andrea? De quem você é filha? Você tem avós? Filhos? Qual sua data de nascimento? E sua nacionalidade? Brasileira? É nordestina, como eu? Ou mineira? Paulista? Quem é você em sua casa? E em seu trabalho? Quem é você para seus vizinhos? E na sua igreja? Quem é você no secreto, com a porta do quarto fechada enquanto a casa está em silêncio na madrugada?

Enquanto escrevo estas palavras, olho para minha carteira de identidade brasileira. A carteira de identidade é o documento oficial, sem data de validade, que diz para o mundo quem eu sou. E todas as vezes que preciso me apresentar oficialmente, ali está minha carteira de identidade confirmando que eu sou Roberta, nascida em 17 de março de 1986, alagoana, brasileira e casada.

No entanto, o que mais me chama atenção é que, embora eu seja maior de idade, casada e viva minha própria vida, na minha identidade, continua a informação mais linda de todas: de quem eu sou filha.

Por que, sem meus pais, eu não estaria aqui, concorda? Você não estaria aqui nesta terra se não fosse pelos seus pais. E por mais que talvez você não conheça seu pai ou sua mãe biológica, eles foram as pessoas escolhidas por Deus para lhe gerar.

Você é filha.

A sua identidade é quem você é na essência. Você é filha. E nunca deixará de ser.

No final das contas, conhecer a si mesma é importante, mas conhecer Aquele que a criou, o seu Pai perfeito, é essencial. Ele é o Pai acima de todos os pais terrenos. Sem defeitos. E você? Você é filha. Quanto privilégio!

> *"Tu criaste o íntimo do meu ser e me teceste no ventre da minha mãe. Eu te louvo porque me fizeste de modo assombroso e admirável. Tuas obras são maravilhosas! Sei disso muito bem. Meus ossos não estavam escondidos de ti quando em secreto fui formado e entretecido nas profundezas da terra. Os teus olhos viram o meu embrião; todos os dias determinados para mim foram escritos no teu livro antes de qualquer um deles existir."*
>
> SALMOS 139:13-16 NVI

Durante os próximos capítulos, conversaremos muito sobre seu temperamento. Mas eu preciso que você saiba logo aqui: nada é mais valioso do que saber a Quem você pertence e Quem lhe criou. Você é filha de Deus. Essa é a sua verdadeira identidade.

Você TEM um temperamento.
A sua vida TEM um propósito.
Mas você É filha.

↳ ser é mais importante do que ter.

CAPÍTULO 2

PROPÓSITO

Nós somos filhas chamadas para viver uma vida com propósito.

A palavra "propósito" significa objetivo, intenção. No dia a dia, usamos essa palavra com muita frequência. De uma forma mais profunda, o propósito traz razão e esperança à vida. No latim, a palavra "propósito" tem um sentido de "colocar à frente". Logo, viver uma vida com propósito é viver uma vida com algo que eu coloco à frente.

Por que faço o que faço? Por que escolhi minha profissão? O que é tão importante para mim que "vai à frente" nas minhas escolhas?

Todos nós temos um chamado universal que é conhecer a Deus, ter uma vida de intimidade com Ele e fazê-Lo ainda mais conhecido. Se você conhece Jesus, se você já O aceitou como Senhor e Salvador de sua vida, prossiga em conhecê-Lo e em fazer com que outras pessoas também tenham esse privilégio.

Todo o mundo precisa conhecer Jesus. Antes de subir ao Céu, Jesus ordenou que seus discípulos fossem pregar o evangelho a todas as pessoas no mundo. Esse é o chamado de todo cristão, até que Ele volte.

"Ele disse-lhes: 'Vão pelo mundo todo e preguem o evangelho a todas as pessoas.'"
MARCOS 16:15 NVI

Sua vida com Deus é mais importante do que tudo para você? É seu relacionamento com Deus que "vai à frente" nas suas escolhas? Ser filha é mais importante do que ter.

Quando entendemos que ser filha e ter um relacionamento com nosso Pai é mais importante do que todas as outras conquistas, então entendemos como viver uma vida com propósito.

Todas nós viveremos uma vida com propósito desde que tenhamos intimidade com Deus e O façamos conhecido. Mas como?

O seu temperamento tem muita influência sobre o COMO.

Por isso que é tão importante você se conhecer.

Muitas mulheres deixam de viver seus propósitos, não encontram seu lugar na Grande Comissão, porque não se conhecem ou não se acham capazes o suficiente.

Quando entendemos que ser filha e ter um relacionamento com nosso Pai é mais importante do que todas as outras conquistas, então entendemos como viver uma **vida com propósito.**

A VISÃO DA ALMOFADA

Em 2015, eu e meu esposo fomos convidados para ministrar louvor em uma igreja africana em Minneapolis, Minnesota. Naquela época eu já compartilhava sobre minha vida com Deus no Instagram e no YouTube. Por entender que aquele era um chamado específico do próprio Deus para minha vida, eu costumava revisitar o COMO e perguntar para Deus se eu continuava no caminho certo. A Bíblia diz que devemos reconhecer o Senhor em nossos caminhos e promete que, dessa maneira, Ele endireitará nossas veredas (PV 3:6).

Era uma manhã fria, e eu estava grávida de meu primeiro bebê. Eu, meu sogro e meu esposo fomos juntos ministrar louvor naquele culto de domingo.

Naquela manhã, de uma forma sobrenatural e profunda, Deus me revelou claramente o propósito que Ele tinha para meu ministério com mulheres. Em uma visão, Ele me mostrou uma almofada velha e rasgada. Suja. Sem cuidado algum. Eu encontrava essa almofada e, com minhas mãos, junto a Ele, conseguia virá-la para o lado avesso.

A cena era esta: eu e Jesus virando aquela almofada para o que eu achava ser o lado avesso.

E enquanto virávamos aquela almofada, de dentro para fora, ela se tornava florida, colorida, limpa, bela.

Foi para isso que Ele me chamou: ser instrumento (porque é o Espírito Santo quem traz a transformação) para revelar a verdadeira beleza que há dentro de você. Para trazer cor e esperança para sua vida aparentemente seca e sem abundância, sem brilho, sem propósito.

Naquela manhã, reencontrei aquilo que "vai à frente", me reencontrei com meu propósito.

Meu propósito de vida é ajudar mulheres a se conhecerem melhor para que sejam transformadas por Jesus e vivam seus propósitos. O meu propósito é fazer com que você viva o seu propósito.

Assim como aquela almofada, que parecia tão envelhecida e desgastada, você carrega um propósito lindo e valioso. Há flores em você.

> "O deserto se alegrará, e crescerão flores nas terras secas; cheio de flores, o deserto cantará de alegria. Deus o tornará tão belo como os montes Líbanos, tão fértil como o monte Carmelo e o vale de Sarom. Todos verão a glória do SENHOR, verão a grandeza do nosso Deus."
> ISAÍAS 35

Pouco tempo depois daquela linda manhã, perdi meu primeiro bebê.

É nos momentos de dor que saber que somos filhas e que há um propósito em nossa vida nos enche de esperança. Ainda não acabou, crescerão flores na terra seca. E sim, todos verão a glória do Senhor.

Eu quero que você tenha convicção que você é filha, amada, especial, linda, cheia de flores e criada para um propósito.

CAPÍTULO 3

MAS COMO?

Nada que você viveu até hoje será inútil para que tenha uma vida com propósito.

Lembro-me de que, quando eu era adolescente, minha igreja recebia muitos missionários. Frequentemente equipes da JOCUM (Jovens Com Uma Missão) ministravam em minha igreja. Naquela época, meu coração ardia de vontade de me juntar àqueles jovens sedentos, criativos e com uma vida tão cheia de significado.

A JOCUM é uma organização sem fins lucrativos cujo objetivo é treinar jovens que desejam ser missionários, conhecer mais a Deus e fazê-Lo conhecido.

Meus pais me aconselharam a estudar, me formar na faculdade, para só então fazer uma escola de missões na JOCUM.

Eu me formei em arquitetura, mas o mercado de trabalho me engoliu, e esqueci aquele sonho. Mas eu não sabia que, além de ser um sonho meu, era também o desejo de Deus para minha vida.

Já com 23 anos de idade, em um sábado à noite, peguei meu carro e fui para o culto de jovens. E depois de tantos anos, naquele dia, havia um grupo de jovens com idades semelhantes à minha ministrando na igreja.

Naquela época, eu estava vivendo um tempo de renúncia e espera em Deus. Eu queria muito encontrar o homem que seria meu parceiro, alguém com quem eu viveria uma união de propósitos. Fiz o compromisso de que não namoraria ninguém até que eu tivesse uma convicção muito clara de que essa pessoa fosse a pessoa certa.

Para minha surpresa, o tempo de espera estava acabando, junto da visita daqueles jovens na minha igreja. E lá no meio daqueles jovens missionários, estava meu marido. Foi uma grata, boa, perfeita e agradável supresa.

Um ano depois, nos casamos.

Dois anos depois, estávamos largando trabalho, concurso público, móveis novos, experiência nova para viver uma vida cheia de propósito.

Embarcamos para uma base da JOCUM, em Wisconsin, Estados unidos, e lá nos tornamos missionários em um país diferente, que eu não conhecia, não sonhava em conhecer e cujo povo eu ainda não amava. Foi pura obediência e fé Naquele que sempre capacita quem Ele chama.

Hoje nós vivemos na Flórida. Meu esposo é pastor do ministério de louvor em uma igreja norte-americana. Eu sirvo à igreja local e ao meu ministério com mulheres. Meu trabalho no Instagram tem alcançado mulheres em todo o mundo, e o Senhor tem nos usado para o Seu propósito. Estamos crescendo em intimidade com Deus e O fazendo conhecido. Para a Glória Dele.

Estamos vivendo Isaías 35. O deserto se alegrou, e cresceram flores nele. Hoje temos dois lindos filhos, o Daniel e a Carolina. Cada um com seu jeitinho e temperamento.

Conto tudo isso porque quero que entenda que nada do que você viveu será inútil. Seu talento, seus dons, aquilo que você ama fazer, sua dor, sua espera. Tudo isso fará sentido para sua vida com propósito.

nada do que você viveu será inútil.
Seu talento, seus dons, aquilo que você ama fazer, sua dor, sua espera.
Tudo isso fará sentido para sua vida com propósito.

Deixei a arquitetura, mas a criatividade e tudo o que aprendi com essa área fazem parte de meu ministério hoje. Meus desenhos vão aonde os meus pés não conseguem ir.

Minha dor durante a espera pela maternidade me fez ser uma filha satisfeita em ser "apenas" filha. Grandes aprendizados nascem de grandes dores.

Eu me lembro do cheiro de chuva daquela tarde lá em Wisconsin. Era um dia de louvor em nossa base da JOCUM. Enquanto eu louvava, o Senhor me perguntou: e se Eu não te fizer mãe? Você continuará Me amando como uma filha? Naquele dia, abri mão de meu desejo e descobri que ser filha precisa ser o suficiente para que eu viva com esperança minha vida com propósito.

Arquiteta, mãe, artista, brasileira, nordestina, criativa, esposa, fleumática. Nada disso importa mais do que ser filha. Filha. Tudo o que você faz ou sabe não valerá nada se antes você não for filha.

Uma filha que conhece e tem intimidade com seu Pai e que usa seus dons e talentos para viver uma vida cheia de propósitos.

CAPÍTULO 4

OS TRÊS CONHECIMENTOS

Mais adiante você aprenderá de uma forma prática COMO começar essa jornada em busca de seu propósito específico.

Agora, quero que você comece a entender sobre a importância dos três conhecimentos para sua jornada: conhecer a Deus, conhecer a si mesmo e conhecer o outro.

SOBRE CONHECER A DEUS

A filosofia, desde Sócrates, atribui a felicidade ao autoconhecimento.

"Conheça-te a ti mesmo" é a famosa frase dita centenas de anos antes de Cristo.

Freud, o criador da psicanálise, descobriu que muitos de nossos comportamentos conscientes são fruto de nosso inconsciente e de nossas emoções. Na psicanálise, a ideia, a *grosso modo*, é entender e cuidar de nossas emoções.

O que a filosofia ou a psicologia e psicanálise não levam em conta é que somos corpo, alma, mas também espírito.

O próprio Jesus, antes de ser crucificado disse: "O espírito está pronto, mas a carne é fraca" (Mateus 26:41).

Jesus deixa claro que temos uma parte espiritual, que precisa de atenção.

E é de nossa vida espiritual que eu quero falar agora.

"E conhecerão a verdade, e a verdade os libertará."
JOÃO 8:32

Ainda me lembro do dia em que aceitei Jesus como meu Senhor e Salvador. Eu tinha 10 anos de idade.

Eu vi João 8:32 acontecendo na minha casa.

Eu vi meus pais deixando de beber muito e brigar.

Eu vi meus irmãos tendo a vida transformada e liberta dos vícios.

Eu vi meus medos indo embora.

Eu vi a liberdade... eu vi...

Eu vi a Verdade.

E eu decidi que queria ser filha.

O incrível de conhecer essa verdade que liberta (Jesus) é que temos para quem entregar toda a bagagem pesada que o autoconhecimento nos traz.

Escolhi estudar psicanálise porque acredito na importância do "conhece-te a ti mesmo". E como mulher cristã, tenho a firme certeza de que sozinha não sou capaz de me tornar minha melhor versão. É o Espírito Santo quem me transforma.

Mas o fruto do Espírito é amor, alegria, paz, paciência, amabilidade, bondade, fidelidade, mansidão e domínio próprio. Contra essas coisas, não há lei (Gálatas 5:22-23).

O SEU RELACIONAMENTO COM DEUS É O COMEÇO DE TUDO.

Quando nutrimos nosso relacionamento com Deus, transbordamos o Amor Dele em todos os outros relacionamentos.

Vamos lembrar do jardim do Éden? Deus criou o jardim perfeito, de acordo com a Sua vontade e com a Sua Presença. Aliás, antes mesmo de a terra ter forma, a Bíblia diz (Gênesis 1) que o Espírito de Deus já habitava sobre a face das águas. Uma prova de que, antes de tudo, é a Presença de Deus que mais importa. É Deus o princípio e o fim (Apocalipse 22).

Deus criou os céus, a terra, os mares. Ele criou a Lua, as estrelas. Ele fez brotar árvores. Ele criou os animais. Deus preparou o ambiente perfeito, com a Sua Presença, e então formou o homem. Do homem, Deus formou a mulher.

Se puder, leia os capítulos 1, 2 e 3 de Gênesis e observe o carinho e a criatividade de Deus ao criar o ambiente em que nós viveríamos. Eu amo ler que Ele criou de propósito árvores bonitas aos olhos. Deus revela a Sua beleza por meio de sua criação (de mim e de você também).

Agora imagine que privilégio para Adão e Eva viver nesse ambiente e ter o prazer de serem visitados diariamente pelo próprio Deus (Gênesis 3:8). Deus não apenas cria um lugar incrível, mas Se faz presente. Ele nos deixa, então, o modelo perfeito para nossos relacionamentos.

Todos os dias, Deus andava pelo jardim. Adão e Eva O reconheciam pela Sua voz. "Ouvi teus passos no jardim e fiquei com medo, porque estava nu; por isso me escondi", disse Adão (Gênesis 3:10).

Deus nos criou para o relacionamento com Ele. Deus percebeu que não era bom que o homem vivesse só e criou a mulher. Mas nos deixa claro que, apesar de termos uns aos outros, precisamos Dele diariamente. Adão não era suficiente para Eva, assim como Eva não era suficiente para Adão. Deus os visitava diariamente. Adão e Eva O conheciam pela voz. Eles tinham intimidade com Deus.

É esse o modelo perfeito para o nosso relacionamento com Deus:

> "As minhas ovelhas ouvem a minha voz; eu as conheço, e elas me seguem. Eu lhes dou a vida eterna, e elas jamais perecerão; ninguém as poderá arrancar da minha mão."
> JOÃO 10:27-28

Como filhas, precisamos reconhecer o nosso Pai pela voz. Tal coisa é fruto de um relacionamento diário e consistente.

Para isso, quero te deixar um modelo de devocional diário. Leia o QR CODE para acessá-lo.

O meu desejo é o de que você desenvolva o hábito de buscar a Deus e aprender sobre Ele todos os dias.

SOBRE CONHECER A SI MESMO

O autoconhecimento é uma estrada longa. Nessa estrada, sorrimos ao descobrir qualidades incríveis, mas também choramos ao encontrar fraquezas difíceis de engolir.

É como olhar para dentro de nós através de um espelho como aqueles com grau 10 vezes maior.

Por mais que seja difícil perceber as rugas e ver reveladas tão de perto as impurezas na nossa pele, descobrimos a verdade de quem realmente somos. Essa verdade é a nossa chance de melhorar aquilo que nos impede de vencer.

Na estrada do autoconhecimento, podemos encontrar três pedras que podem nos impedir de continuar.

A PEDRA DO ORGULHO

De acordo com o dicionário, o orgulho é um sentimento de satisfação com o próprio valor. Esse tipo de sentimento, na medida certa, pode ser positivo: quando a pessoa se sente feliz com uma conquista ou uma qualidade.

A pedra do orgulho a qual me refiro está relacionada a um viés negativo desse sentimento.

Esse orgulho é aquele excesso que beira a arrogância e a soberba.

Esse tipo de orgulho nos impede de enxergar a verdade. Nos enxergamos de maneira errada e pecaminosa. Esse orgulho nos leva a ruína.

> "O orgulho do homem o humilha, mas o de espírito humilde obtém honra."
> PROVÉRBIOS 29: 23

"Pois todo aquele que a si mesmo se exaltar será humilhado, e todo aquele que a si mesmo se humilhar será exaltado."
MATEUS 23:12

A PEDRA DA AUTOPIEDADE

Adão encontrou a pedra da autopiedade em seu caminho e a tomou para si.

Em Gênesis 3:12, podemos ler que Adão culpa sua mulher pelo próprio erro.

Adão se enxerga como um coitado, vítima do outro e das circunstâncias.

Ele não assume sua responsabilidade a fim de se livrar das consequências de suas próprias escolhas.

De certo modo, a autopiedade é fruto de um coração orgulhoso e soberbo. A pessoa não assume sua fraqueza e seu pecado e acaba por culpar o outro. Não é incomum que o cristão jogue a culpa de tudo no diabo.

Adão culpou Eva. Eva culpou a serpente (Gênesis 3:13b).

A PEDRA DA AUTOESTIMA EXCESSIVA

O excesso de autoestima pode levar a pessoa a enveredar por um caminho perturbador.

Todo excesso é ruim, e o excesso de autoestima pode fazer com que a pessoa não reconheça seus próprios erros e deixe de buscar o amadurecimento.

O narcisismo, por exemplo, pode ser uma das consequências dessa autoestima exacerbada.

Uma pessoa com esse tipo de problema dificilmente procurará crescer por meio do autoconhecimento.

> "Pois pela graça que me foi dada digo a todos vocês: ninguém tenha de si mesmo um conceito mais elevado do que deve ter; mas, pelo contrário, tenha um conceito equilibrado, de acordo com a medida da fé que Deus lhe concedeu."
> ROMANOS 12:3-6

Livre-se das pedras.

Livre-se das pedras no seu caminho e embarque na incrível estrada do autoconhecimento.

SOBRE CONHECER O OUTRO

Ninguém é feliz sozinho. Como já vimos anteriormente, o próprio Deus é três. O próprio Deus criou a mulher para que o homem não vivesse só.

Quando o inimigo quer destruir um ministério, ele começa a trabalhar para destruir os relacionamentos dentro desse ministério.

Tente imaginar todos os ministérios destruídos que você já viu e perceba que a fonte da destruição estava jorrando primeiro nos relacionamentos.

O seu propósito de vida certamente estará ligado a servir ao próximo. Não existe propósito na vida de quem vive para si mesmo.

Conhecer a Deus fará de você uma filha confiante e que entende o seu valor.

Conhecer a si mesma fará de você alguém que sabe como viver o propósito na prática.

Conhecer o outro fará você amar, servir, perdoar e respeitar o próximo.

Nosso objetivo é amar e perdoar o outro com a mesma medida que somos amadas e perdoadas por Deus.

O seu propósito de vida
certamente estará ligado
a servir ao próximo.
Não existe propósito na
vida de quem vive para
si mesmo.

CAPÍTULO 5

OS QUATRO TEMPERAMENTOS

A teoria dos quatro temperamentos é uma das ferramentas mais práticas e simples na busca por autoconhecimento.

Essa é uma ciência antiga, criada por Hipócrates por volta de de 400 a.C. Galeno continuou com a teoria dos quatro temperamentos, e, hoje em dia, diversos estudiosos já conseguiram adaptar a teoria para nossas vivências atuais.

Ao estudar os diferentes tipos de temperamentos, por meio de uma abordagem simbólica, aprendemos a identificar nosso temperamento, o de nossos filhos e o de nosso marido. À medida que estudamos mais, conseguimos identificar o temperamento de amigos e de familiares.

Esse conhecimento é capaz de transformar a maneira como enxergamos o outro e, mais ainda, como nos relacionamos com o outro. De repente, aquilo que eu achava ser um problema se revela apenas um traço do temperamento de meu esposo, por exemplo. Nossos olhos se abrem para um novo mundo.

Um mundo no qual enxergamos as pessoas como elas realmente são, especiais e, de certa forma, semelhantes entre si.

É importante ressaltar que, apesar de falarmos em quatro temperamentos, não somos apenas quatro categorias de pessoas no mundo.

Vamos imaginar um lindo vaso. Esse vaso contém um temperamento.

(vaso com "TEMPERAMENTO") → Você já nasce com o seu **temperamento**.

Esse vaso representa uma pessoa que já nasce com o seu TEMPERAMENTO.

A partir do seu nascimento, muitos outros ingredientes serão acrescentados. Veja a ilustração a seguir.

(vaso com: cultura, educação, fisiologia, origem, criação, TEMPERAMENTO, relacionamentos, religião etc, lugar) →

O seu temperamento
+
as suas vivências
=
A sua **Personalidade**

A soma de todos esses ingredientes forma essa pessoa. E mesmo irmãos gêmeos podem ter temperamentos diferentes, ou, mesmo com temperamentos iguais, certamente cada um transbordará o seu temperamento de uma forma única. Isso acontece porque cada pessoa tem sua própria personalidade.

O temperamento não mudará com o tempo, mas o resultado dessa mistura pode e deve ser aperfeiçoado até o fim. Se você se tornou cristã, perceberá que a presença do Espírito Santo trouxe transformação em diversas áreas de sua vida. E continuará trazendo. Mesmo assim, seu temperamento não mudará. Você é transformada e vence, em Cristo, muitas fraquezas de sua natureza pecaminosa.

Deus criou você e tem o poder de transformar o que Ele quiser. Ele dá visão àquele que nasceu cego, Ele cura doentes, Ele perdoa pecados. Ele é Deus e pode o que Ele quiser. Deus não muda o seu temperamento porque existem qualidades lindas no seu temperamento, que refletem o próprio Deus. Então Ele transforma, SIM, as suas fraquezas. A presença do Espírito Santo a faz ficar mais parecida com Jesus, mas suas qualidades naturais continuam em você. E que bom por isso! Eu oro para que você descubra e reconheça cada uma dessas qualidades.

Meu objetivo é lembrá-la a mulher extraordinária que você é e o quanto você está mais pronta do que pensa para viver uma vida cheia de propósitos.

Seu temperamento tem qualidades que, somadas a sua personalidade, formam uma pessoa única e criada para um propósito.

Você não está aqui por acaso. Você também tem fraquezas a serem superadas. Juntas, descobriremos como vencê-las à luz da Palavra de Deus.

TEMPERAMENTO VS. PERSONALIDADE

Quando falamos em temperamento, falamos em instinto. As reações mais instintivas e naturais que temos diante dos acontecimentos revelam nosso temperamento.

Imagine que seu temperamento é um tempero com o qual você experimenta a vida.

Podemos dizer que a sanguínea costuma temperar a vida com alegria e, por isso, ela também sente um gosto de alegria e leveza nas situações da vida.

A colérica percebe a vida com um sabor mais apimentado, a melancólica sente o sabor de forma profunda e cheia de detalhes, enquanto que a fleumática sente o sabor da paz.

Há alguns dias, esqueci o coador de café na pia e, quando percebi, minha filhinha Carolina tinha lavado as mãos com sabão na pia. A água cheia de sabão encharcou o meu coador de pano. Não preciso dizer o que aconteceu, né? O cheiro de sabão transformou meu coador. Mesmo assim, tentei fazer um café, que ficou com cheiro e gosto de detergente.

O seu temperamento é como esse coador. Tudo o que acontece em sua vida passa por esse coador e devolve para você um sabor único. Podemos dizer que para cada temperamento há um sabor diferente a ser revelado.

Exatamente por isso, você e seu esposo passam pela mesma situação na vida, e mesmo assim, cada um reage e lida de forma diferente.

Como vimos, os outros ingredientes (religião, criação, nacionalidade, cultura...) são capazes de afetar nossas ações e o modo como experimentamos a vida. Por isso, é importante mergulhar profundamente dentro de si para compreender seu temperamento e saber diferenciá-lo daquilo que faz parte de sua personalidade.

A nossa personalidade é quem somos a partir da mistura de todos os ingredientes já citados. Essa mistura que nos torna únicas. Enquanto nascemos com um temperamento que não muda, podemos dizer que nossa personalidade é fruto de nossas escolhas diante da vida.

Embora nosso temperamento não seja modificado, a maneira como nos comportamos e sentimos pode e deve ser moldada.

A mulher cristã cheia de Espírito Santo não se deixa vencer por suas emoções e seu instinto.

Não vivemos pelo que sentimos. Ou seja, o nosso temperamento não nos domina; nós o dominamos e o moldamos por meio do Espírito Santo que habita em nós.

*"Quem confia em si mesmo é insensato,
mas quem anda segundo a sabedoria
não corre perigo."*
PROVÉRBIOS 28:26

DESVENDANDO O GRÁFICO DOS TEMPERAMENTOS

Para compreender os temperamentos, é importante entender as quatro qualidades universais da matéria e os quatro elementos do gráfico a seguir.

A teoria dos quatro elementos da natureza (ar, fogo, terra e água) começou com filósofos gregos do século V a.C. Aristóteles adicionou a essa teoria dos elementos as quatro qualidades universais da matéria: quente, frio, úmido e seco. De acordo com ele, um elemento era formado a partir da combinação de duas dessas qualidades universais.

Ar = úmido e quente

Fogo = seco e quente

Terra = seco e frio

Água = úmido e frio

Nosso objetivo aqui é ter uma olhar simbólico para cada um desses elementos. Assim compreenderemos as particularidades de cada temperamento.

Observe que as quatro qualidades então distribuídas nos dois eixos do gráfico.

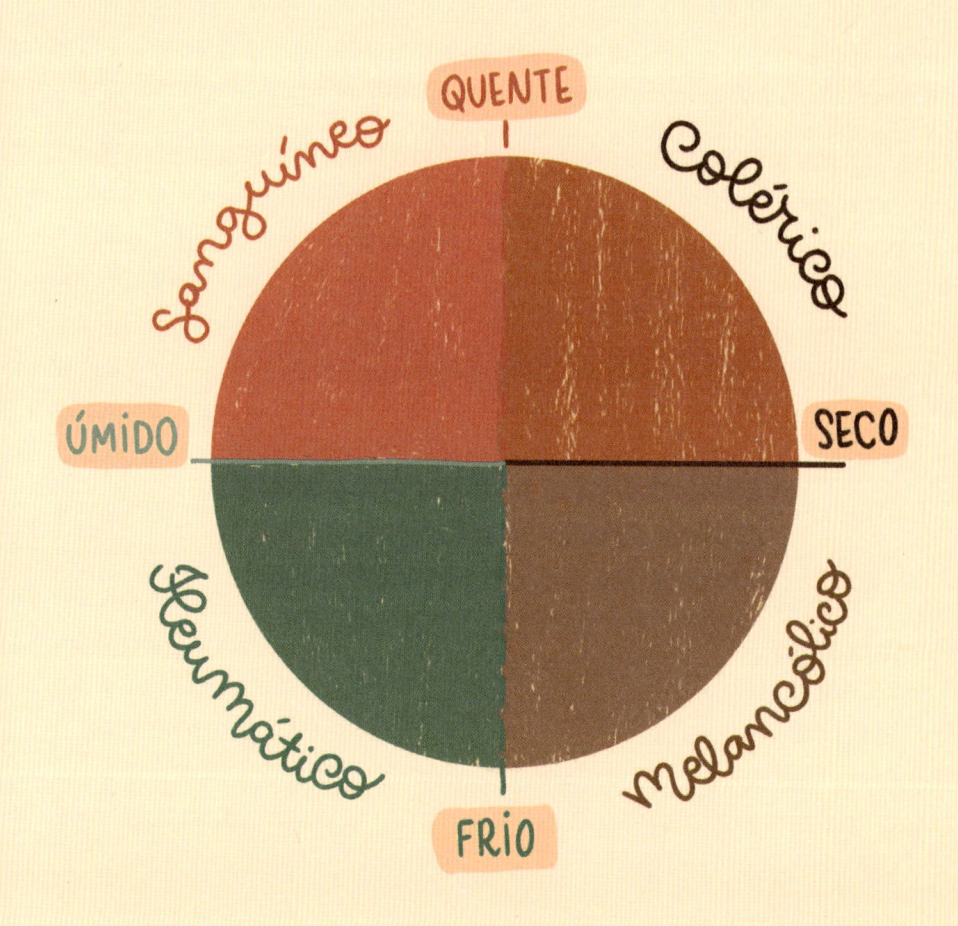

Essas quatro qualidades (quente, frio, úmido e seco) combinadas entre si formam os temperamentos.

O QUE CADA PROPRIEDADE SIGNIFICA

QUENTE E FRIO

As qualidades de quentura e frieza estão relacionadas à velocidade com que uma pessoa reage e se expressa frente aos acontecimentos da vida.

QUENTE

Para entender essa propriedade, usaremos a água como exemplo. Quando fervemos a água para cozinhar um macarrão, podemos observar que ela entra em movimento e expansão.

Se esquecermos essa água ali, ela acabará evaporando de tão expansiva que se torna com o calor excessivo. É isso que a quentura significa: expansividade, agitação, movimento. A água vai para fora em vapor. Ela não aguenta ficar parada na panela.

Como é uma pessoa com essas características da quentura:

Extrovertida: ser extrovertida é ter a necessidade de processar suas emoções enquanto fala. Expansiva, agitada, comunicativa, intensa, rápida. Cheia de opinião. Pensa e fala. O mundo dessa pessoa é para fora. Ela age e depois pensa.

A pessoa com temperamento quente normalmente escolhe um estilo de vida mais agitado. Costuma falhar por se precipitar em suas decisões. Quando vê, já falou ou já fez.

A pessoa com temperamento quente sente a necessidade de se expressar o quanto antes. Ela processa suas emoções e seus pensamentos enquanto fala.

A criança com o temperamento quente, por exemplo, começa a se comportar melhor quando a fala está totalmente desenvolvida. Dessa forma, essa criança consegue processar suas emoções da maneira correta.

O adulto pode explodir facilmente. Isso porque, antes de falar, ele não reflete sobre o que o está irritando. Ele explode porque aquela emoção é tão grande que não cabe dentro dele. É como aquela água fervendo dentro do bule, que não se aguenta mais e começa a evaporar.

Uma pessoa quente, ou seja, extrovertida e expansiva, é aquela que chega em um ambiente novo e logo consegue conversar com muitas pessoas que ela não conhecia. A pessoa com temperamento quente sente uma necessidade de se relacionar, mesmo que sem um objetivo específico. Ela chega e marca o ambiente (a menos que, além de quente, ela seja tímida; conversaremos sobre timidez logo mais).

FRIO

A frieza é o oposto da quentura. A água, quando colocada no freezer, se contrai. O que acontece é totalmente diferente do que acontece com a água fervente.

A água no freezer se contrai tanto a ponto de se tornar gelo. As moléculas não se agitam e não se expandem. Elas se contraem, se acalmam, se introvertem.

O princípio do calor é a expansão. O princípio do frio é a contração.

Como é uma pessoa com essas características da frieza:

Introvertida: ser introvertida é sentir a necessidade de refletir antes de se expressar. Contraída. Introspectiva. Reflexiva. Costuma ponderar antes de tomar uma decisão. São pessoas mais concentradas e estáveis. Suportam um estilo de vida mais tranquilo e com rotina.

Essa pessoa raramente cometerá erros por se precipitar. Normalmente, essa pessoa tem dificuldades para realizar e costuma procrastinar.

A pessoa com o temperamento frio sente a necessidade de se recolher para dentro de si antes de expressar suas emoções. Essa pessoa processa suas emoções pensando e refletindo. Muitas vezes, ela decide nem falar sobre o que está sentindo.

A criança com o temperamento frio é mais quieta e costuma ser aquela criança fácil de lidar. Os pais dessa criança precisarão ter sabedoria e jeito para descobrir o que ela está sentindo ou pensando.

Apesar de frio, o adulto pode ter momentos em que explodirá. Isso porque ele guarda tanto para si que em algum momento explode. Imagine água dentro de uma garrafa no congelador. Essa água introverterá e congelará, mas em algum momento a garrafa poderá explodir. A pessoa com temperamento frio explode porque acumulou por muito tempo alguns sentimentos. Diferente da pessoa com temperamento quente, que explode porque precisa se expressar rápido de acordo com as suas emoções.

ÚMIDO OU SECO

As qualidades de umidade ou de secura estão relacionadas à duração dos efeitos causados pelas situações vividas.

ÚMIDO

Para entender como a umidade funciona, vamos continuar observando como a água funciona. Imagine um copo cheio de água. Agora imagine que você tentará ferir essa água com um objeto cortante. O que acontecerá é que a água sofrerá algum movimento, mas assim que o objeto for retirado, essa água voltará a estar da mesma forma dentro daquele copo. O efeito do objeto sobre a água é breve. A água não ficará marcada pela objeto.

Outra característica da umidade é a capacidade de envolvimento e adaptação que ela traz. Eu gosto de usar o exemplo das batatas cozidas.

Purê de batatas é minha comida favorita, então eu não poderia deixá-la de fora dessa ilustração. Batatas cozidas, ou seja, úmidas, têm uma capacidade de envolvimento confortante. Imagine colocar o purê de batatas em um prato. Esse purê toma a forma daquele prato. E quanto mais úmido, mais facilmente isso acontecerá.

Como é uma pessoa com a característica da umidade:

A pessoa com temperamento úmido não fica marcada por muito tempo pelos acontecimentos da vida. Assim como a água que não foi modificada pelo objeto, essa pessoa também não sofre eternamente pelas coisas que lhe acontecem. Há um sofrimento, há um movimento, mas ele é passageiro.

A raiva ou tristeza não duram para sempre dentro dessa pessoa.

Ela é sensível, chora, sofre, sente profundamente, mas não guarda rancor. O perdão parece fácil. Ela perdoa fácil, ela consegue se colocar no lugar do outro e ter empatia sem fazer muito esforço. Também é envolvente e se adapta fácil a novas situações.

Assim como o purê de batatas úmido e cremoso, tomando a forma do prato, a pessoa úmida se molda facilmente às situações e aos ambientes. É uma pessoa que não sofre com mudanças.

A pessoa com temperamento úmido aprecia os relacionamentos. Ela quer amar e ser amada. Não gosta de desagradar e prefere nutrir as relações, em vez de expor suas opiniões e vontades.

A criança com temperamento úmido quer agradar a seus pais o tempo inteiro. São crianças amorosas e envolventes. Muitas vezes, a obediência dessa criança está ligada ao desejo de agradar e se sentir amada.

SECO

A secura é o oposto da umidade. Uma das principais características contidas em uma coisa de natureza seca é a rigidez e resistência.

Lembra de meu purê de batatas? Agora tente imaginar que, em vez de usar as batatas para fazer um belo purê, a gente fizesse batata chips frita e crocante.

Tente colocar essas batatas em um prato e perceba que elas se amontoarão, deixando espaços vazios entre elas. Ou seja, elas não se moldam ao prato, elas não o envolvem. Além disso, essas batatas se quebram facilmente, visto que não são envolventes.

Sobre a resistência: coisas secas e duras costumam ser resistentes. Quanto mais resistente a coisa é, mais marcada ela fica quando você tenta feri-la.

Aqui em casa, tenho quadros em todas as paredes. Aliás, gosto de dizer que eu precisaria de mais paredes em casa. As paredes aqui são de madeira. De tantos em tantos metros, uma coluna de madeira firme se esconde por trás das paredes. Muitas vezes, estamos fazendo furos para pendurar meus quadros e percebemos uma resistencia maior. Quando isso acontece, temos a certeza de que a coluna de madeira firme está ali. Quanto mais seca e firme a madeira for, mais difícil de furar. Quando finalmente conseguimos furar, aquele furo fica ali marcado para sempre. Podemos até preencher aquele furo com massa para disfarçá-lo, mas a marca feita na madeira permanece.

O que quero dizer com isso? A qualidade da secura resiste e suas marcas permanecem por mais tempo, se não para sempre.

Olhando essas colunas de madeira firme na minha casa por outro ângulo, podemos admitir que são elas que trazem a segurança que precisamos que uma casa tenha. São essas colunas que sustentam o telhado, as paredes e nos protegem dos fortes ventos. A qualidade da secura confere essa sensação de segurança.

Façamos o mesmo exercício do copo com água que eu propus anteriormente. Imagine um copo cheio de terra firme, em vez de estar cheio de água. Agora imagine usar um objeto cortante parar furar essa terra firme. O objeto cortante furará a terra e deixará uma marca. Essa marca permanecerá ali por muito tempo.

Qualquer coisa com a qualidade da secura ficará marcada diante de uma pressão. A sua mesa de madeira pode ficar marcada se você fizer um corte, por exemplo.

O interessante de observar essas propriedades, em relação às coisas ao nosso redor, é que isso facilita nossa compreensão.

Nosso desafio agora é analisar as pessoas com esse mesmo olhar.

Como é uma pessoa com temperamento seco:

Uma pessoa pouco envolvente. Assim como a madeira resiste ao estímulo do prego, ela resiste aos estímulos de outras. É mais fechada para relacionamentos e novas situações. Demonstra firmeza, certeza. É uma pessoa com fortes convicções. Ela não confia facilmente nos outros. Pode ser desconfiada.

A pessoa com temperamento seco tem dificuldades de esquecer e de perdoar. Também transmite segurança. Assim como as colunas de madeira de minha casa, a pessoa com o temperamento seco traz segurança para as outras ao seu redor. Essa segurança costuma atrair a atenção das pessoas com temperamentos úmidos.

A criança de temperamento seco costuma ser desconfiada. Ela não vai com qualquer pessoa e não sorri para todo mundo. Se essa criança se sentir injustiçada, ficará chateada por muito tempo, e é capaz de se lembrar disso por um longo período também.

❀

COMBINANDO AS QUALIDADES E DEFININDO OS TEMPERAMENTOS

Agora que já entendemos as particularidades de cada qualidade, chegou a hora de as combinarmos. É na combinação delas que se dá o temperamento. Além disso, cada temperamento é representado por um elemento da natureza:

Quente + úmido = Sanguíneo (ar)

Quente + seco = Colérico (fogo)

Frio + seco = Melancólico (terra)

Frio + úmido = Fleumático (água)

Roberta Fázio

Sanguínea,

você é vento que sopra
e esquece.
mas você pode ser o
ar que é vida e descanso.
você é respiro e
segunda chance.
você é calor e nuances.

TEMPERAMENTO SANGUÍNEO (AR)

A melhor maneira de entender o temperamento sanguíneo é observando o ar e suas características. O ar é envolvente, fluido, leve e expansivo. O ar é inconstante, podendo ser calmo ou agitado.

Quando eu e meu esposo moramos na Flórida pela primeira vez, pudemos experimentar dias calmos à beira do oceano e dias de ventos fortes e furacões. Chegamos a perder nosso carro pelos danos causados por um desses furacões.

Em Wisconsin, as temperaturas podem chegar a -35 °C. Quando está muito frio, tudo o que menos queremos é sentir o ar. Chicago, que fica a duas horas de onde moramos, é conhecida como a cidade dos ventos. Fica difícil passear em Chicago no inverno quando os ventos estão fortes. O ar frio aumenta a sensação de frio. Uma temperatura de -10 °C pode ser sentida como -20 °C por causa do poder dos ventos.

Trazer esse conceito do ar para minhas experiências me faz pensar que em momentos de dor, nos invernos da vida, precisamos de um ar calmo e leve. Do mesmo modo, nos dias quentes do verão, um vento refrescante traz aconchego. Assim é o ar. Imprevisível. Calmo, fresco, aconchegante, impetuoso, forte e devastador.

A pessoa com essas características do ar é uma pessoa envolvente e expansiva, como o próprio ar. A comunicação por meio da fala é, com toda a certeza, a característica mais marcante na sanguínea. A fala dessa pessoa tem o principal objetivo de se relacionar, portanto, é uma fala envolvente e simpática. A sanguínea é extrovertida e elabora seus pensamentos enquanto fala. A comunicação dessa pessoa é leve e cativante. Ela quer envolver e agradar por meio do que diz.

Assim como é difícil deixar uma marca no ar, é raro que uma sanguínea seja marcada pelas coisas que acontecem em sua vida. Ela perdoa fácil, porque, de fato é fácil para ela perdoar. Ela não se sente marcada ou magoada por muito tempo.

A falta de atenção e foco da sanguínea também está presente no ar. O ar não é concentrado. O ar espalha, expande e se perde. O ar não fixa. A sanguínea tende a começar um projeto e não o concluir exatamente por achar difícil manter o foco e a disciplina.

Observando a natureza, podemos observar que o ar ganha mais força ao se concentrar. Um tornado é forte e concentrado. Uma sanguínea que consegue manter o foco é capaz de alcançar grandes objetivos e liderar com força.

A pessoa sanguínea tem uma inclinação para o que é divertido e prazeroso. Suas escolhas costumam ser pautadas no presente. Fazer escolhas sábias, pensando no futuro, pode ser um desafio necessário para a sanguínea. Muitas vezes, a sanguínea sentirá vontade de desistir de algo que começou com muito entusiasmo. Ela tende a gostar muito de muitas coisas e acaba tendo dificuldades em escolher uma para ir até o fim.

A sanguínea é amorosa, sensível, amigável, de muitas amigas. Não se aprofunda muito, justamente porque não tende à reflexão.

Características positivas:

1. Comunicativa e sociável, a sanguínea tende a criar conexões facilmente, o que é valioso em grupos de apoio e ministérios.

2. Entusiasta e otimista, trazendo ânimo e encorajamento para aqueles ao seu redor.

3. Flexível e adaptável, o que a torna capaz de se ajustar a diferentes situações e pessoas.

4. Empática e compassiva, demonstrando compreensão e preocupação genuína pelos outros.

Fraquezas naturais:

1. Tende a ser impulsiva, podendo agir sem pensar completamente nas consequências.

2. Pode ter dificuldade em manter o foco em tarefas específicas devido à sua natureza extrovertida e dispersa. Não esqueça aqui daquilo que o Senhor a chamou para fazer.

3. Propensa a desistir daquilo que começou devido à busca por emoções e novidades constantes. Quando fica difícil, ela desiste.

4. Às vezes, luta para estabelecer limites claros, o que pode levar a sobrecarga emocional e física.

"Acima de tudo, guarde o seu coração, pois dele depende toda a sua vida."
PROVÉRBIOS 4:23

> "Meus amados irmãos, tenham isto em mente: Sejam todos prontos para ouvir, tardios para falar e tardios para irar-se."
> **TIAGO 1:19**

> "Não só isso, mas também nos gloriamos nas tribulações, porque sabemos que a tribulação produz perseverança; a perseverança, um caráter aprovado; e o caráter aprovado, esperança."
> **ROMANOS 5:3-4**

AS TRÊS SANGUÍNEAS

Apesar de existirem quatro temperamentos, cada temperamento se subdivide em três. Portanto, é como se existissem doze temperamentos ao todo.

Essa subdivisão se dá pela quantidade de características de cada qualidade. Algumas sanguíneas terão mais características da quentura do que da umidade. Outras serão mais úmidas do que quente. O terceiro tipo de sanguínea terá mais características da quentura e, ainda, terá um aporte seco, ou seja, é uma sanguínea que "pega emprestadadas" algumas características da secura. Essa terceira sanguínea pode ficar mais parecida com uma colérica, por exemplo.

Vamos entender melhor?

> **Sanguínea envolvente:**
> úmido sobre o quente
>
> **Sanguínea carismática:**
> quente sobre o úmido
>
> **Sanguínea prática:**
> quente sobre o úmido
> com aporte seco

SANGUÍNEA ENVOLVENTE - ÚMIDO SOBRE O QUENTE

Essa é uma sanguínea com mais característica da umidade. Ou seja, apesar de ser quente e expansiva, essa sanguínea se destaca mais por ser envolvente, sensível, flexível. Ela se expressa por meio da fala, no entanto tem uma fala ainda mais sensível e envolvente. Costuma ser criativa e serva. Ela está sempre pensando em como servir ao próximo. Quando ela usa sua criatividade parar servir ao outro, se sente muito feliz. Gosta de imaginar, criar, pensar em ideias incríveis. Porém, ela achará muito difícil executar e permanecer com a mesma ideia.

As sanguíneas em geral gostam de agradar e podem ser carentes de atenção. E de todas as sanguíneas, essa é a que mais sente essa necessidade e, por isso, ela pode se sentir frágil e insegura.

É pouco competitiva. O importante para ela é participar e se divertir. Em um jogo, mais importante do que vencer é compartilhar o momento com as pessoas de quem ela gosta.

Ela também é menos decidida. Essa indecisão é a principal causa da procrastinação nessa sanguínea. Ela tem tantos interesses que acaba não escolhendo um só para focar e realizar. Esse tipo de sanguínea pode sofrer com a falta de senso de realização.

Como sanguínea, tem mais traços da umidade do que da quentura, e ela divide a umidade com a fleumática. Não é incomum ela ficar em dúvida se é fleumática ou sanguínea.

SANGUÍNEA CARISMÁTICA - QUENTE SOBRE O ÚMIDO

Enquanto a primeira sanguínea se destaca pela envolvência, essa sanguínea traz consigo a maioria das características da quentura: expansividade, impulsividade, agitação. Ela pode ser mais explosiva. Essa é uma sanguínea mais rápida e mais decidida. Carismática e sagaz. Ela aprende tudo muito rápido e repassa o que aprendeu com a mesma velocidade. Mas logo esquece também. Essa sanguínea é muito performática. Ela sempre parece ser ou saber mais do que na verdade sabe.

Quando estou de dieta, gosto de fazer uma bebida com frutas que parece um milkshake. Ou faço uma salada bem elaborada e bonita. O meu shake e a minha salada parecem incríveis, mas, na verdade, são frutas e folhas, como quaisquer outras.

Existe valor na performance, mas é preciso ter cuidado para que essa pessoa não se torne muito superficial, que a qualidade supere a aparência.

Conheço uma pessoa que é esse tipo de sanguínea. Ela lê a primeira página de um livro ou assiste os primeiros minutos de um vídeo educacional e logo repassa aquelas informações com a autoridade de quem estudou por anos. Essa pessoa é o retrato da sanguínea que tem a quentura sobre a umidade: segura, impulsiva, agitada, empolgada e, de certa forma, superficial (no sentido de não se aprofundar nas coisas, ficar na superfície delas).

Ao contrário da sanguínea anterior, essa não procrastina muito. Ela vai lá e faz. A impulsividade e a empolgação a levam a executar. Ela começa mil coisas ao mesmo tempo. O que acontece é que ela também acaba desistindo de alguns projetos no meio do caminho.

SANGUÍNEA PRÁTICA – QUENTE SOBRE O ÚMIDO COM APORTE SECO

Essa sanguínea divide a secura com as coléricas e as melancólicas. Mas por ser quente, acaba se parecendo com as coléricas.

O aporte funciona como se a pessoa pegasse emprestado algumas características do outro temperamento. Seria a sanguínea pegando emprestadas algumas características da secura.

A secura traz para essa sanguínea uma maior praticidade e capacidade de concluir projetos. É uma sanguínea que se comunica bem como as outras, que é envolvente, mas que também realiza. Ela é produtiva, mais organizada, e pode até ser competitiva. De fato, muitas sanguíneas com aporte seco se confundem com o temperamento colérico.

"não guardo rancor" ♥ distraída extr... sam...
INCONSTANTE EXAGERADA ousada
♥ INTENSA
chora fácil LEVE
desiste fácil alegre
RISO FÁCIL — começa e não termina — cheia de histórias
bom humor Rainha do drama
energia centro das atenções amorosa
GOSTA DE ESTAR no CONTROLE empática
ESQUECIDA ♥ querida divertida

ertida · lida bem com mudanças · cheia de amigas · intensa · ínea · agitada · SIMPÁTICA · cheia de energia · ama fácil · amo passear ♡ · amo amo amo falar · POSITIVA · observa · Criativo · paixão ♡ · RÁPIDA · "amo a minha família" · EXPLOSIVA ★ · COMUNICATIVA · sensível · deslocada · INSTÁVEL · fofa e querida · ama agradar

Roberta Fázio

Colérica,

você é fogo.
você é capaz de
queimar e marcar.
mas você pode ser
o calor que aquece
e conforta!

TEMPERAMENTO COLÉRICO (FOGO)

A melhor maneira de entender o temperamento colérico é observando o fogo e suas características.

Várias passagens bíblicas retratam o poder de Deus se manifestando como fogo, consumindo holocaustos, destruindo cidades, guiando o povo na saída do Egito (por meio da coluna de fogo), caindo fogo do céu mediante as orações de um profeta.

Em Êxodo 3:14, encontramos Deus falando com Moisés por meio de uma sarsa ardente. Moisés ouvia o Senhor através do fogo que queimava aquela sarsa.

Sabemos que existe muito poder no fogo. Ele é capaz de destruir, derreter, moldar, purificar. O fogo revela a pureza do ouro e da prata. Ele refina e aperfeiçoa as coisas. O fogo ilumina o caminho escuro, afastando o perigo, o medo e o frio.

O fogo aquece e traz aconchego em um dia frio. Quem já experimentou o frio severo sabe o valor e a eficácia de uma lareira. Mesmo uma xícara de café, que foi aquecido pelo fogo, consegue esquentar as mão geladas em um dia de inverno.

Em Wisconsin, costumávamos andar com uma vela dentro do carro. Isso porque, se acontecer de o carro quebrar durante o inverno, devemos acender a vela enquanto esperamos por ajuda. O poder que há na chama de uma só vela é capaz de nos manter vivos enquanto a ajuda chega.

O fogo é pura força. Assim também é a pessoa com temperamento colérico.

A expansão do fogo é causada pela quentura, já o poder de cortar e separar as coisas encontra-se na secura. A secura separa o que é bom do que é impuro. É a secura que traz a firmeza e a capacidade de ser firme e assertivo aos temperamentos.

    A mulher colérica tem essa agressividade e assertividade do fogo. Ela separa o que é útil do que é inútil. Ela é expansiva, está sempre pronta para opinar com convicção. Assim como o fogo, ela é capaz de queimar, mas também de trazer o calor necessário em um dia de inverno.

    A colérica traz ordem para o ambiente em que vive e para a vida de todos ao seu redor. Ela observa a necessidade e elabora uma solução prática.

    Imagine a chama de uma vela. Embora permaneça ali, essa chama faz um movimento constante, até que toda vela seja consumida. A colérica não desiste pelo meio do caminho, ela começa e conclui seus objetivos.

    A colérica nos traz a sensação de ser alguém que não se cansa (mas ela se cansa, sim, e precisa aprender a descansar). Ela está sempre trabalhando ou planejando o próximo passo. Não perde tempo. Até em uma festa a colérica encontra um objetivo a ser cumprido. Apesar de ser uma líder nata, a pessoa com esse temperamento pode ter dificuldades em delegar coisas importantes para ela. Ela sempre pensa que ninguém fará com a qualidade e velocidade com que ela faz.

    Uma colérica imatura que ainda não se deixou ser transformada pelo Espírito Santo pode ser extremamente mandona. A colérica nasceu para liderar, mas precisará ter cuidado para liderar com graça e amor.

    Uma pessoa madura que tem o temperamento colérico é capaz de impulsionar todos ao seu redor. Com seu entusiasmo concentrado, essa pessoa extrai o que há de mais valoroso naqueles que estão dispostos a aprender com ela.

Colérica, lembre-se que você não é o Sol. Você é a Lua. Assim como a Lua depende da luz do Sol para brilhar, você precisa de Deus para fazê-la brilhar do jeito certo. Lance mão do orgulho e do seu saber, para depender Daquele que tem o domínio sobre todas as coisas. A sabedoria do Alto precisa ser sua principal fonte.

Características positivas:

1. Determinada e motivada, a mulher colérica é, muitas vezes, uma líder natural em grupos e ministérios.

2. Eficiente e focada em metas, ela sabe como definir objetivos claros e trabalhar arduamente para alcançá-los.

3. Corajosa e resiliente, enfrenta desafios com confiança e determinação, inspirando os outros a fazerem o mesmo.

4. Assertiva e direta, comunica suas ideias e convicções de maneira clara e firme.

5. Compassiva.

Fraquezas naturais:

1. Pode ser percebida como dominadora ou autoritária devido à sua natureza assertiva.

2. Tende a ser impaciente e intolerante com os outros que não compartilham sua visão ou seu ritmo de trabalho.

3. Propensa a entrar em conflito devido à sua natureza competitiva e seu desejo de controle.

4. Às vezes, negligencia o cuidado com as emoções dos outros em prol da eficiência e produtividade.

> "Mas o fruto do Espírito é amor, alegria, paz, paciência, amabilidade, bondade, fidelidade, mansidão e domínio próprio. Contra essas coisas não há lei."
> **GÁLATAS 5:22-23**

> "O seu falar seja sempre agradável e temperado com sal, para que saibam como responder a cada um."
> **COLOSSENSES 4:6**

COLÉRICA RÍGIDA: SECO SOBRE O QUENTE

Como dito anteriormente, a secura traz a marcação e a rigidez para os temperamentos secos. A quentura é a responsável pela expansividade e extroversão dos temperamentos.

Quando a pessoa colérica tem uma maior quantidade de secura em si, isso significa dizer que ela não será tão extrovertida. Essa colérica será mais rígida, mais séria, pode ser mais calada e menos flexível a opiniões alheias. E se incomoda não apenas com as opiniões, mas também com o jeito de ser de outras pessoas. Normalmente essa colérica acha todo mundo ao seu redor mais devagar e menos inteligente do que ela.

Impaciente. Essa colérica é a mais impaciente de todas. A secura traz a capacidade de classificar o que é certo o que é errado, o que é útil ou inútil. Aqui, há pouco espaço para o que o outro pensa ou imagina ser o melhor. Lidar com outras pessoas pode ser um desafio.

Uma liderança ditatorial pode ser o estilo de liderança dessa colérica. Portanto, até que amadureça, o ideal é que essa pessoa não assuma um papel de liderança. Ela precisará amadurecer e aprender a lidar com as diferenças e desenvolver habilidades interpessoais.

A melancólica divide a secura com a colérica. A colérica que é mais seca se parecerá mais com a melancólica, sendo menos falante, mais reservada e gostando de trabalhar mais sozinha (exatamente por causa da menor habilidade com as diferenças).

Essa é a criança mais organizada e com pouca habilidade para fazer amiguinhos. Ela quer que tudo seja do jeito dela e pode ser meio chatinha.

COLÉRICA COMUNICATIVA: QUENTE SOBRE O SECO

Por ser mais expansiva e comunicativa, essa pessoa deixará claro o que pensa e está sempre pronta para opinar ou revidar. Fala antes de pensar, e seu poder está na ponta de sua língua.

Essa é a colérica que já nasceu com a capacidade de liderar. Todas as coléricas desejarão liderar, mas essa é aquela escolhida por outras pessoas para estar à frente do grupo. Isso porque ela tem mais características da quentura, é mais comunicativa, menos rígida e mais habilidosa com pessoas.

Ela ainda acredita ter a melhor solução e opinião, ainda encontra defeitos nas outras pessoas, mas consegue liderar com facilidade e assertividade. Ela consegue enxergar o que cada pessoa tem a acrescentar em uma equipe e divide bem os papéis de cada um. Não assume tudo para si, mas delega e traz a luz que ilumina o caminho de seus liderados. Ela facilita o processo. Ela pensa o que ninguém pensou.

Essa é aquela criança que lidera a turma, até as crianças maiores. Ela determina como e qual será a brincadeira. Quando contrariada, sai de baixo.

COLÉRICA EMPÁTICA: MAIS QUENTE DO QUE SECO COM APORTE ÚMIDO

Assim como a colérica anterior, essa também é mais quente do que úmida. O aporte úmido traz ainda mais habilidade social e interpessoal para essa pessoa.

Menos competitiva, menos rígida, mais empática. Uma líder que ouve melhor seus liderados e que aceita opiniões diferentes. Ela continuará sendo colérica, mas a rigidez já não a domina.

Essa é a colérica que mais costuma se envolver com as causas sociais. Ela valoriza a justiça e se comove com a desigualdade social. Ela gosta de ajudar o outro, principalmente quando o outro é esforçado e, em sua visão, merece sua ajuda.

Essa é uma criança que briga pelos amigos injustiçados e tímidos. Ela defende os seus. Ela também se sente injustiçada com frequência. Sua reação natural é explodir com raiva daquela situação que lhe parece tão injusta, como uma bronca dos pais, por exemplo.

Essa colérica é constantemente confundida com alguém de temperamento sanguíneo. A melhor maneira de ter certeza sobre essa colérica é analisando sua secura. Ela pode ter empatia, mas é uma empatia que não avança aos limites de sua visão de mundo e de seu conjunto de valores. Ela não faz o que faz para agradar e atender o drama alheio. Fique atenta.

cheia de opinião ♡
Compassiva extr
SÉRIA POUCA EMPATIA col
♡ INTENSA ♡
LEVE MENTE insensível :) amo ajudar
quem merece
amiga de poucos
OUSADA
"deixa que eu faço. Eu faço melhor e mais rápido."
A minha bateria social tem um limite
JUSTIÇA
acha difícil perdoar
IMPULSIVA
GOSTA DE ESTAR NO CONTROLE
leal
e cheia de planos
pé no chão
cheia de energia
INDEPENDENT

realista ♡

mulher que sabe o que quer!

IMPACIENTE

...ertida ...ica

Responsável

agitada

DIRETA

resolve qualquer problema

dona da razão

amo passear ♡

FOCADA

"não estou sendo grossa. É só o meu jeito de falar"

POSITIVA +

decidida

RÁPIDA BRAVA

explosiva

"amo a minha família"

orgulho

reage rápido

COMUNICATIVA

PRÁTICA!!!

MISSÃO DADA é missão CUMPRIDA

sem mi mi mi

ORGANIZAÇÃO

Roberta Fázio

melancólica,

você é terra que
guarda marcas...
mas você pode ser
o solo que edifica
e guarda memórias
de amor
você é casa que
aconchega e constrói
lealdade.

você é lar.

TEMPERAMENTO MELANCÓLICO (TERRA)

O temperamento melancólico é caracterizado pela terra, que é fria e seca. Portanto, para compreender melhor o temperamento melancólico, precisamos analisar a terra.

A terra nos traz a sensação de estabilidade. Ela é firme, segura e estável. Imagine cavar um buraco na terra e esconder um baú com joias preciosas. A terra sabe esconder, guardar e deixar as coisas quietas até que haja uma movimentação externa. O ar não guarda coisas, a água leva de um lugar para o outro, o fogo queima ou purifica. Mas a terra guarda.

A terra é profunda e absorvente. A terra guarda sementes, absorve a água da chuva e, então, deixa as sementes brotarem. Sem pressa, em seu devido tempo e obedecendo as estações. Ninguém saberá que há uma semente escondida naquela terra até que, em condições devidas, ela brote.

A pessoa melancólica é terra. Ela traz a segurança, a lealdade, a capacidade de guardar segredos aos seus. De poucos amigos, a pessoa melancólica confirma a introversão pertinente à frieza de seu temperamento.

Assim como a terra absorve a água da chuva, a melancólica absorve e guarda sentimentos e acontecimentos da vida.

Firme e sensível na mesma medida, a melancólica traz uma sensação de firmeza ao mesmo tempo em que é profundamente sensível. Ela não deixa essa sensibilidade transbordar em lágrimas de drama. Embora se emocione e chore, ela não demonstra sua sensibilidade como a sanguínea, que é de natureza dramática e performática.

A sensibilidade da melancólica está na forma como ela enxerga os detalhes de tudo, da criação, das artes, do olhar do outro. Ela analisa os mínimos detalhes de tudo o que a envolve. Seu olhar critico se dá por conta disso. Ela enxerga tudo, enxerga além do que a maioria das pessoas, logo, encontra mais defeitos também.

A secura traz para esse temperamento a busca pela estabilidade. O que é novo frequentemente lhe parece arriscado. E ela não ama arriscar. Ela prefere se sentir estável e no controle de sua vida. Raramente a melancólica toma uma decisão de supetão. Pesquisa, pesquisa e mais pesquisa serão necessárias para decidir. Quanto mais significativa e definitiva for o resultado dessa escolha, mais extensa será a pesquisa.

A frieza é a responsável pela introversão da melancólica. Ela gosta da solitude, de refletir sobre a vida e sobre os acontecimentos desta. Ficar sozinha é uma necessidade. É em seus momentos de solitude que ela recarrega sua bateria social.

Introvertida, sensível e facilmente marcada. O que acontece com a melancólica a marca por muito tempo, se não para sempre. A sensibilidade é tão intensa que ela é capaz de sentir a mesma emoção ao se lembrar de algum acontecimento que a marcou há dez anos.

E por falar em passado, esse temperamento deve ter cuidado para não viver do passado. Não há problema algum em lembrar o passado, mas viver nele, sofrendo os mesmos sofrimentos ou não experimentando novas alegrias pode levar a pessoa com temperamento melancólico a viver uma vida sem graça e triste.

"Esqueçam o que se foi; não vivam no passado.
Vejam, estou fazendo uma coisa nova!
Ela já está surgindo! Vocês não o percebem? Até no
deserto vou abrir um caminho e riachos no ermo."
ISAÍAS 43:18-21

O novo já existe, a Bíblia diz também que as misericórdias do Senhor se renovam todas as manhãs. A melancólica precisará moldar sua forma de pensar, redirecionar sua sensibilidade para o que é agradável de sentir. Que os seus pensamentos glorifiquem a Deus, assim como o seu coração grato.

Embora seja crítica com tudo e todos, e ainda mais consigo mesma, a pessoa melancólica encontra belezas que ninguém encontra. Ela tem um olhar profundo, belo e delicado. Enquanto a maioria das pessoas enxerga uma rosa vermelha, a melancólica enxerga os detalhes que tornam única aquela rosa. Ela vê texturas, nervuras, dimensões, tons, cheiros. Ela vê o que ninguém vê.

Esse temperamento não aceita bem o erro. O perfeccionismo pode ser fruto desse medo de errar. O problema é que quase sempre ela sentirá que seu projeto não está bom o suficiente. E por isso, a procrastinação pode se tornar a norma em sua vida. Ela pensa em algo, planeja, pesquisa, mas está sempre com a sensação de que ainda não chegou no plano perfeito. Portanto, esperar mais um pouco lhe parece ideal. E o feito nunca lhe parece melhor que o perfeito. Há um aprendizado aqui.

É preciso lançar mão do orgulho de ser perfeita. Não haverá perfeição enquanto houver o medo de errar. Entender que o erro constrói aprendizados necessários pode ser a saída.

Outra característica evidente na maioria das melancólicas é a necessidade de ambientes organizados. A maioria das melancólicas não conseguirá desempenhar bem em um ambiente bagunçado. O que não significa dizer que toda melancólica é organizada. Longe disso. Explicarei melhor.

Toda melancólica se sairá melhor em um ambiente organizado, mas nem toda melancólica consegue ser organizada.

Os motivos podem ser diversos. O perfeccionismo é um desses motivos. Enquanto ela não sente que tem a casa perfeita ou os armários perfeitos, não conseguirá se organizar. Ela pode ter crescido em um ambiente desorganizado e não aprendeu a ser diferente. Outra hipótese é ter crescido com pais extremamente críticos, fazendo com que ela se cobre ainda mais e não se sinta capaz. Possíveis traumas não são incomuns.

Características positivas:

1. Profunda e reflexiva, a mulher melancólica traz uma perspectiva ponderada e sensível para as conversas e ministérios.

2. Caprichosa. Faz tudo bem-feito e com capricho.

3. Leal e comprometida, valoriza profundamente os relacionamentos e investe tempo e energia para nutri-los.

4. Sensível e empática, ela tem a capacidade de se conectar emocionalmente com as lutas e dores dos outros.

Fraquezas naturais:

1. Propensa a preocupações e ansiedades excessivas devido à sua natureza introspectiva e sensível.

2. Tende a ser perfeccionista, buscando padrões inatingíveis e sofrendo com a autocrítica constante.

3. Pode ser retraída e reservada, lutando para se abrir e compartilhar suas próprias lutas e necessidades.

4. Às vezes, tende a se isolar emocionalmente quando se sente sobrecarregada, o que pode dificultar o apoio e a comunicação.

"Tudo o que fizerem, façam de todo o coração, como para o Senhor, e não para os homens, sabendo que receberão do Senhor a recompensa da herança. É a Cristo, o Senhor, que vocês estão servindo."
COLOSSENSES 3:23-24

"Não andem ansiosos por coisa alguma, mas em tudo, pela oração e súplicas, e com ação de graças, apresentem seus pedidos a Deus. E a paz de Deus, que excede todo o entendimento, guardará os seus corações e as suas mentes em Cristo Jesus."
FILIPENSES 4:6-7

MELANCÓLICA CONVICTA: SECO SOBRE O FRIO

Essa melancólica, embora introvertida, refletirá mais características da secura. Ela é um tipo de melancólica que se confunde com colérica. A principal diferença entre essa melancólica e a colérica está na expansividade presente na colérica. Uma melancólica sempre será introvertida.

Ela será mais teimosa. Ela pesquisa muito sobre todos os assuntos. Ela só se expressa quando tem muita convicção do que está falando, e por isso terá dificuldades com opiniões contrárias às suas. Ela é mais rígida e teimosa e pode ficar mal-humorada com pessoas que falam sem saber muito do que estão falando.

Seus princípios importam mais do que o que outras pessoas pensam ou sentem. O certo é certo, e ponto. Aqui a sensibilidade não é a principal característica. Essa melancólica é mais prática e menos apegada às coisas.

MELANCÓLICA PROFUNDA: FRIO SOBRE O SECO

Ao contrário da melancólica anterior, essa melancólica tem mais características da frieza: introversão, profundidade, sensibilidade.

Por ser mais fria, ela também é mais introvertida. Sente menos necessidade de ter pessoas por perto. Sua sensibilidade está mais ligada às suas necessidades pessoais. Por outro lado, essa melancólica tende a ter mais tato com os outros. Por ser fria e profunda, ela pensa muito em tudo, inclusive na importância da diplomacia para que seus projetos andem bem. Pode ser uma boa líder.

É menos prática e mais lenta para reagir diante dos acontecimentos da vida. Demora mais para tomar decisões. Por outro lado, por pensar muito antes de decidir, e quando decide, é com muita convicção.

Mais apegada às coisas materiais. Cada coisa que ela possui tem um significado, e por isso, ela acha muito difícil desapegar.

MELANCÓLICA SUAVE: FRIO SOBRE O SECO COM APORTE ÚMIDO

Mais frio, menos seco e com um tanto de umidade. Essa melancólica é definitivamente aquela que tem mais habilidade com pessoas. Ela sente necessidade de se relacionar com outras pessoas como nenhuma das outras melancólicas sente. Embora seja fria e aprecie a solitude, essa melancólica tem uma inclinação maior ao outro e às necessidades dos outros.

Essa melancólica pode ser confundida com a sanguínea quanto à carência. Ela pode se tornar muito dependente de outras pessoas para se sentir feliz e pode se decepcionar com sua própria habilidade (ou falta de) de ser superagradável. No fim das contas, ela continua sendo melancólica.

Essa melancólica também poderá se confundir com a fleumática, a pacificadora. A diferença é que a fleumática é pacificadora, mas não sente a necessidade de controlar as relações. Essa melancólica se cobra muito e intensamente. Ela sofre. Ela deseja ser melhor, mais agradável, ter mais amigos, ser mais alegre e falante. A umidade traz para ela pontos positivos, mas traz também a falsa sensação de que ela precisa ser mais úmida do que consegue.

O segredo está em usar suas habilidades naturais vindas com o toque suave de umidade em você, mas jamais deixar de valorizar sua essência melancólica, profunda, analítica, séria, leal. O mundo precisa das melancólicas.

- penso bem antes de falar
- intro
- mela(ncólica)
- dedicada
- MEMÓRIA de elefante
- aprecia o silêncio
- AMO ficar sozinha
- amo aprender
- detalhista
- ORGULHO
- crítica com ela e com os outros
- mau humor
- LEAL
- SONHADORA
- séria
- copo meio vazio
- empática
- caprichosa

...tida
...ólica

de poucas e boas amigas ♡

boa ouvinte

penso penso penso penso muito

complicada e perfeitinha

posso explodir às vezes (o por que acumulo emoções)

APRECIA arte

quer ser a sua melhor versão

Criativa

ORDEM

PLANEJAR é a chave

A MINHA MENTE É AGITADA

perdoar pode ser difícil

Sensível

perfeccionista

analisa tudo

NÃO desiste fácil

Reumática,

Roberta Fázio

você é água que se acomoda em um copo frágil.
mas você pode ser MAR.
mar com ondas que alcançam gerações e levam a verdade para as nações.
você é dinamismo e humor.

você é um oceano de amor

TEMPERAMENTO FLEUMÁTICO (ÁGUA)

A Fleumática é representada pela água. A melhor maneira de entender tudo sobre a fleumática é observar o comportamento da água.

Quando pensamos no princípio das águas, nos lembramos de Gênesis 1, em que a Bíblia ensina que o Espírito se movia sobre a face das águas. A água está no princípio de tudo. Um bebê é formado no ventre, e a água é ingrediente necessário para manter a vida.

A água é vida, mas também mistério. A Bíblia diz que Deus perdoa nossos pecados e os joga no mar do esquecimento. Mais uma vez, a Palavra de Deus cita as águas do mar como algo profundo e capaz de esconder as coisas.

Quem nunca brincou de jogar um objeto em uma piscina para buscá-lo no fundo? A água tem essa característica de reunir as coisas.

Pensar em água é pensar em paz. Olhar para o oceano traz paz. Não é incomum que mães utilizem gravações com o barulho do mar para embalar o sono de seus bebês.

Quando eu estava prestes a dar à luz o Daniel, meu primeiro filho, a enfermeira me aconselhou entrar em uma banheira com água morna para que eu sentisse certo alívio. A verdade é que aquela água foi capaz de tirar completamente a dor que eu estava sentindo. Desde então, repito o mesmo conselho para todas as mães que vejo prestes a dar à luz. A água traz paz e alívio e também esconde mistérios.

Experimente encher um copo com água. Agora tente ferir essa água com uma faca. Você não conseguirá. A água sofrerá certo movimento, mas logo voltará ao mesmo estado. Ela se adapta ao formato do copo e assim permanecerá.

A fleumática é como a água. Ela transmite paz e busca a paz. Ela é calma em sua superfície, mas pode esconder um turbilhão de emoções em sua profundidade. Imagine o oceano em um dia de calmaria. Sua superfície é calma, suas ondas são tranquilas, porém no mais profundo, há muita coisa acontecendo.

A fleumática é como a água no copo. Ela se adapta facilmente ao ambiente, e as circunstâncias raramente deixam marcas duradouras. Por isso, costuma ser fácil para uma fleumática perdoar. Ela não se sente irritada ou magoada por muito tempo.

A fleumática é úmida, portanto, é envolvente e não fica marcada por muito tempo pelas coisas que lhe acontecem.

Ela também é fria. Como uma boa introvertida, ela tem a necessidade de refletir antes de expressar suas emoções. Ela processa suas mais profundas emoções enquanto pensa bastante sobre elas. No entanto, a fleumática é capaz de evitar mergulhar em toda a sua profundidade, já que ela tende a escolher a paz, com os outros e consigo mesma.

Assim é a fleumática. Pacífica, calma, envolvente, capaz de trazer paz para um ambiente caótico. Como a água parada, a fleumática tende a ser passiva e ter pouca energia. Muitas vezes, ela parece ser uma pessoa sem opinião ou vazia. Pode ser um desafio desvendar as emoções de uma fleumática.

O ministério da água está na fleumática. Por mais sensível que ela seja (e ela é), poucas pessoas conseguem perceber o que ela está sentindo. Assim como as águas tranquilas do fundo do mar escondem um mundo inteiro e misterioso, a fleumática calmamente esconde suas emoções. Muitas vezes, ela consegue esconder de si mesma. Acontece que o corpo fala o que a boca cala. Muitas fleumáticas podem adoecer caso não decidam mergulhar em suas águas profundas até que descubram o que precisa ser revelado.

Eu sou alagoana e tenho muito orgulho de ter nascido em um estado com praias tão lindas e um povo tão acolhedor. A primeira vez que tentei mergulhar, não demorei para desistir. Lá no fundo do mar, a pressão é muito grande, o que me faz entender que, para descobrir as maiores belezas e as maiores dores, é sim preciso encarar a pressão do mergulho.

Jesus mandou Pedro ir ao fundo do mar pescar peixes logo após horas e horas de tentativas frustradas. Pedro não apenas voltou com suas redes cheias de peixes, como também teve sua identidade revelada e transformada por Jesus. Se o Senhor está lhe convidando para mergulhar profundo, não tenha medo da pressão. O convite para essa viagem profunda em si mesmo e em quem Ele é e veja sua vida sendo transformada.

A fleumática tende a ser mais conformada e passiva. Ela aceita o sofrimento como se estivesse anestesiada e, depois, é capaz de observar o que viveu e criar um conceito sobre aquela dor. Ela naturalmente ressignificará muitas de suas dores.

A passividade, no entanto, precisa ter limite. É preciso se antecipar ao que pode dar energia para a fleumática e, então, trazer para sua vida. Um propósito maior sempre a move. Ela reage lentamente, mas é muito responsável.

Ela precisa se sentir respeitada em sua essência. Detesta se sentir pressionada para ser diferente, agir com mais velocidade ou ser mais ativa e energética.

A fleumática respeita as pessoas como elas são e espera, no mínimo, o mesmo respeito.

Características positivas:

1. Calma e equilibrada, a mulher fleumática traz estabilidade e paz para os ambientes em que está presente.

2. Paciente e tolerante, ela lida com as dificuldades e desafios com serenidade e graça.

3. Gentil e compassiva, ela oferece conforto e apoio aos que estão ao seu redor.

4. Observadora e atenta, ela tende a perceber as necessidades dos outros e responder de maneira sensível.

Fraquezas naturais:

1. Pode ser percebida como passiva ou indiferente devido à sua natureza reservada e tranquila.

2. Tende a evitar confrontos e tomar decisões difíceis, preferindo manter a harmonia mesmo às custas de sua própria vontade.

3. Pode ter dificuldade em expressar suas próprias necessidades e opiniões, priorizando as dos outros.

4. Propensa à complacência e à inércia, luta para encontrar motivação para buscar mudanças ou novos desafios.

Ei, fleumática, cuidado com a passividade. Ela pode se transformar em preguiça.

"As mãos preguiçosas empobrecem o homem, porém as mãos diligentes lhe trazem riqueza. Aquele que faz a colheita no verão é filho sensato, mas aquele que dorme durante a ceifa é filho que causa vergonha."
PROVÉRBIOS 10:4

FLEUMÁTICA ENVOLVENTE: ÚMIDO SOBRE O FRIO

Essa é a fleumática que mais se parece com a sanguínea, que também é úmida.

Embora essa fleumática continue sendo introvertida (a fleumática será sempre introvertida), esse tipo de fleumática, mais úmida do que fria, tem uma capacidade maior de se relacionar. Será mais envolvente, mais sensível, mais amorosa, mais esquecida, pode ser mais desorganizada e menos constante.

A pessoa tende a ser menos prática, pois o excesso de umidade traz para ela uma menor capacidade de solucionar problemas. Ela sempre preferirá que outras pessoas resolvam seus problemas. Ela fica envolvida em suas emoções e em seu mundo e acaba não tomando atitudes necessárias.

Ela precisará de mais rotina para conseguir sair do lugar. Essa fleumática é facilmente liderada e até prefere ser. Ela é a mais intuitiva de todas as fleumáticas. A sua intuição não erra.

Pacificadora, ama saber que tem paz com todos ao seu redor. Valoriza muitos as amizades e sabe bem como cultivá-las.

FLEUMÁTICA RACIONAL: FRIO SOBRE ÚMIDO COM O APORTE SECO

Mais profunda, mais introspectiva, mais observadora. Continua envolvente e sensível, mas essas não são suas principais marcas.

Essa fleumática tem a capacidade de observar e analisar as pessoas e, assim, desenvolver conceitos importantes que nortearão sua forma de agir. Explicarei com um exemplo.

Imagine que uma pessoa de temperamento colérico tentou pressionar a fleumática para ser mais rápida e fazer um determinado projeto da forma que a colérica queria. A fleumática analisa a situação, e já percebendo seu desconforto ao trabalhar com a colérica, modificará a sua forma de se relacionar com a parceira de trabalho. Se a parceria não puder ser evitada, a fleumática vai, de uma forma passiva, impor limites com graça. Ela parece ter nascido com uma sabedoria diferente.

FLEUMÁTICA ANALÍTICA: FRIO SOBRE O ÚMIDO COM APORTE SECO

O terceiro tipo de fleumática, descrito como mais frio do que úmido e com um aporte seco, apresenta uma complexidade única dentro da categorização dos temperamentos. Diferenciando-se pela sua menor propensão à envolvência característica da umidade e assemelhando-se mais ao temperamento melancólico devido a essa redução, essa variação da fleumática manifesta uma adaptabilidade mais restrita.

Diferentemente da água, cuja capacidade de adaptação é ilimitada, moldando-se facilmente a qualquer recipiente, essa subcategoria fleumática, por ser mais fria e ter um toque de seca, mostra-se menos maleável e mais inclinada a uma rigidez planejada.

A presença de um aporte seco influencia essa pessoa a ser mais crítica, analítica e observadora, o que naturalmente a conduz a desenvolver e seguir conceitos bem-definidos para nortear suas ações. Tal aspecto é evidenciado na forma como ela reage às tentativas de domínio, especialmente vindas de temperamentos coléricos, analisando friamente a situação sem a predisposição a se deixar levar pela necessidade de agradar ou pela pressão emocional.

Essa análise não é motivada por um desejo de afeto ou aceitação, mas por um reconhecimento da tentativa de controle, levando-a a estabelecer barreiras passivas de autoproteção e respeito.

Esse tipo específico de fleumática, portanto, demonstra uma personalidade que valoriza profundamente o respeito mútuo e a autonomia, rejeitando qualquer forma de manipulação ou controle. Apesar de sua aparente passividade, ela tem uma forma única de imposição, marcada pela resistência sutil, mas firme, contra qualquer forma de imposição externa.

No contexto social, essa variante da fleumática pode parecer retraída e menos inclinada a interações profundas ou prolongadas, preferindo uma observação mais distante e analítica do ambiente e das pessoas ao seu redor. Esse comportamento não deve ser confundido com desinteresse ou desdém; é, antes, uma manifestação de sua natureza mais introspectiva e racional, menos guiada pela emoção e mais pela lógica e praticidade.

BOA ouvinte, sábia, prática, introvertida, fleu..., preguiça?, pouca energia, pouco expressiva, good vibes, na dela, indecisa, CALMA, PACIENTE, fácil, indiferente, lenta, PAZ e AMOR, pensa mais do que fala, confiável, precisa descansar, empática, ♡ AMOR, PASSIVA

ama ROTINA
boa de papo
devagar
calma por fora
ama ouvir as amigas ♥
querida
NÃO GOSTA DE BRIGAR
☺ bom humor
perdoa fácil
esquecida
LENTA
pacificadora
evita brigas
não gosta de palpites
desmotivada 😐
sensível
PROPÓSITO
cínica
ZZZ rainha do sono
não sabe demonstrar muito os seus sentimentos

CAPÍTULO 6

RELACIONAMENTOS

Eu vejo Deus transformando minha vida, a vida da minha família, e é por isso que faço o que faço.

Famílias são frequentemente desfeitas por causa de problemas nos relacionamentos. Muitos desses problemas são aparentemente simples. Falta de comunicação, falta de perdão, falta de sabedoria, falta de domínio próprio, de paciência, de amor...

A boa notícia é que a Bíblia tem respostas para cada uma dessas questões. Entender como funciona o temperamento do outro, o que agrada a outra pessoa e o que a Bíblia diz sobre cada dificuldade que vamos enfrentando enquanto nos relacionamos é a chave para ter sucesso em todos os relacionamentos.

O segredo está em tratar o outro como nós gostaríamos de ser tratados.

> *"Assim, em tudo, façam aos outros o que vocês querem que eles lhes façam."*
> **MATEUS 7:12**

Acontece que há uma confusão aqui. Nós achamos que tratar o outro como nós gostaríamos de ser tratados é considerar que o outro é igual à gente.

Tratar o outro como gostaríamos de ser tratados é conhecer tão bem o outro a ponto de saber exatamente o que é agradável a ele. Eu posso amar liderar uma equipe, mas o outro pode não gostar e não ter essa habilidade. Então, em vez de colocar ele para liderar um grupo (porque é o que eu gostaria que ele fizesse comigo), considerarei o fato de ele não gostar e descobrir de que forma posso ajudá-lo a fluir em suas qualidades temperamentais.

Não podemos dizer que amamos Deus se não conseguimos amar uns aos outros.

> *"pois aquele que não ama seu irmão, a quem vê, não pode amar a Deus, a quem não vê."*
> **1 JOÃO 4:20**

COMO AMAR O OUTRO DE VERDADE ENTÃO?

- *Sendo intencionais na forma como o tratamos.*

Caminhar em amor é a maior arma contra os planos do inimigo. Por isso é tão difícil. E é difícil para todo o mundo. Cada um tem um tipo de dificuldade específica quando se trata de amar o outro.

Conhecer o temperamento do próximo e servi-lo da maneira que o faz sentir amado é intencional.

- *Considerando o outro importante.*

> *"Ninguém deve buscar o seu próprio bem, mas sim o dos outros."*
> **1 CORÍNTIOS 10:24**

> "cuidando, cada um, não somente dos próprios
> interesses, mas também dos interesses dos outros."
> **FILIPENSES 2:4**

Você pode se importar com você mesmo, amar a si mesmo, mas amar o outro da mesma forma.

- *Sendo vulnerável.*

Sabendo que você pode se machucar ou machucar alguém. Isso acontece porque somos seres humanos falhos e pecadores.

Você não pode amar as pessoas se não estiver disposto a se decepcionar e precisar exercer o perdão.

Dessa forma, você vai aprender com o que sente, trabalhando seus sentimentos diante da falha do outro.

- *Sendo rápida em perdoar.*

> "Quando vocês ficarem irados, não pequem.
> Apaziguem a sua ira antes que o sol se ponha,
> e não deem lugar ao diabo."
> **EFÉSIOS 4:26-27**

- *Sendo sincera, porém, sabia.*

Apesar de fleumática, já fui a senhora sincera. Confesso que ainda estou sendo aperfeiçoada. Na adolescência, perdi amigas por expressar minha sincera opinião sobre o cheiro de um perfume, a cor de um batom. Na vida adulta, sempre me pareceu honesto ser 100% sincera com o que eu estava pensando sobre o outro. Aprendi que a sabedoria está em discernir como o outro se sentirá com aquilo que eu falo.

O que o outro entende é mais importante do que aquilo que eu falo.

- *Você gosta de falar? Perceba se o outro está gostando ou querendo ouvir você falar nesse momento.*

Considere a vontade do outro. Não seja egoísta. Deixe o outro falar também.

"Tornei-me judeu para os judeus, a fim de ganhar os judeus. Para os que estão debaixo da lei, tornei-me como se estivesse sujeito à lei, (embora eu mesmo não esteja debaixo da lei), a fim de ganhar os que estão debaixo da lei.

Para os que estão sem lei, tornei-me como sem lei (embora não esteja livre da lei de Deus, mas sim sob a lei de Cristo), a fim de ganhar os que não têm a lei.

Para com os fracos tornei-me fraco, para ganhar os fracos. Tornei-me tudo para com todos, para de alguma forma salvar alguns."
1CO 9:20-22

COMO AMAR CADA TEMPERAMENTO

intensa • extrovertida • vai do sal... • rainha do drama • cheia de amigas • perdoa fácil • gosta de estar no controle • cheia de ideias • falante • sensível

Sanguínea

a alegria da casa • chora fácil • centro das atenções • ama g... • esquecida • amorosa • muitas histórias pra contar • criativa • ousada • desiste fácil • LEVE • positiva • INCONSTANTE (começa e desiste) • empolgada • AGRADÁVEL • dona de um coração enorme • chora com intensidade • cheia de gargalhadas • rápida • ama se sentir linda • TRANSBORDA alegria • desenvolta • exagerada

COMO AMAR A PESSOA SANGUÍNEA

Amar uma pessoa sanguínea pode ser uma experiência enriquecedora e desafiadora. A pessoa sanguínea é aquela que se caracteriza pela sua natureza quente e úmida, o que a torna extrovertida e capaz de não se deixar marcar por acontecimentos adversos. Essa combinação permite que ela traga leveza até mesmo nos momentos difíceis, refletindo uma essência de leveza e descontração.

Para construir um relacionamento saudável com uma sanguínea, é essencial reconhecê-la como alguém que precisa de interação e conexão constante. Ela se sente feliz e realizada quando está envolvida em relacionamentos, e valoriza imensamente o apoio e a empatia dos outros, mesmo que, às vezes, isso se manifeste de forma dramática.

Uma das maneiras mais significativas de demonstrar amor por uma sanguínea é ouvindo-a atentamente. Como uma pessoa extrovertida, ela encontra paz e alívio ao expressar seus pensamentos e sentimentos. Ignorar sua necessidade de falar ou tentar restringi-la pode ser prejudicial. Incentivá-la a desabafar é uma maneira de mostrar que você valoriza sua expressão e o apoia. É importante lembrar que uma criança sanguínea a qual cresceu ouvindo que fala demais pode desenvolver insegurança e timidez.

Elogiar e expressar seu afeto é igualmente crucial. Devido à sua natureza distraída e às vezes esquecida, a sanguínea precisa de reafirmações constantes sobre o quanto é amada. A repetição de elogios e expressões de carinho ajuda a fortalecer sua sensação de segurança e apreciação.

Além disso, a sanguínea adora ser o centro das atenções e desfrutar da admiração alheia. Permitir que ele se exiba e brilhe é uma forma de apoiar sua natureza extrovertida. Tentar forçá-la a ser discreta ou escondê-la não faz justiça à sua verdadeira essência e retira sua alegria.

É importante também não esperar que uma sanguínea fale pouco. Em vez de exigir que ela se contenha, ajude-a a aprender a discernir quando e com quem é apropriado compartilhar suas ideias. Ela tende a dizer "sim" para agradar e experimentar tudo o que a vida oferece, o que pode levar a uma sobrecarga de compromissos. Ajudá-la a gerenciar esses compromissos e a encontrar equilíbrio é essencial.

A sanguínea também aprecia diversão e socialização. Ela gosta de passeios, festas e de ter amigos em casa. Mesmo que você não compartilhe a mesma paixão por atividades sociais, é importante combinar com ela a frequência dessas saídas a fim de garantir que suas necessidades de diversão sejam atendidas.

Reforçar que ela é amada e admirada é crucial para sua sensação de segurança. Uma sanguínea precisa ouvir constantemente que é valorizada e apreciada, e essa repetição de elogios é uma forma de amá-la da maneira que ele mais deseja.

Além de encorajar suas aspirações e devaneios, é vital ajudar o sanguínea a crescer e a superar suas fraquezas. Quando sentir que é o momento de apoiar a pessoa sanguínea em suas dificuldades, peça sabedoria para orientá-lo de forma construtiva. Ajude-o a superar a inconstância e a falta de foco com passos práticos e metas claras, e incentive-a a lembrar por que começou a empreender certos projetos. Também é importante apoiá-la na expressão de tristeza quando necessário, lembrando-a de que seu valor não está apenas na sua alegria.

Por fim, lembre-se de que a sanguínea pode precisar melhorar seu comprometimento e a escolha de suas amizades, pois ela pode ser mais influenciável e suscetível a desistir ou esquecer compromissos. Ajudá-la a pensar antes de falar e a fazer escolhas conscientes pode contribuir para um relacionamento mais equilibrado e harmonioso.

Quando se trata de outros temperamentos, a fleumática precisará demonstrar mais empolgação pelas conquistas da sanguínea, o que pode exigir um esforço extra. A melancólica deve ser positiva e não apagar a alegria da sanguínea, evitando enfatizar possíveis falhas. E, se houver outra sanguínea na equação, é importante que ambos se apoiem mutuamente para não desistirem e incluam amigos de temperamentos secos para proporcionar equilíbrio no grupo.

intensa
extrovertida
LÍDER
JUSTIÇA
aquela que resolve qualquer problema
Focada
cheia de opinião
BRAVA
Colérica
não suporta
MUITA ENERGIA
compassiva
decidida
de poucas amigas
ama ajudar
CHEFE
MIMIMI
INDEPENDENTE
explosiva
quem merece
LEAL
RACIONAL
acha difícil perdoar
mulher que sabe o que quer
"missão dada é missão cumprida"
POSITIVA
entusiasmada
ENERGIA
tende ter dura palavra
NÃO GOSTA DE RECLAMAÇÃO
demonstra amor através de atitudes
aquela que defende os seus
Determinada
PRÁTICA
amiga de poucos
organizada
NÃO DESISTE FÁCIL

COMO AMAR A PESSOA COLÉRICA

Demonstre lealdade à colérica. A lealdade é um tesouro para ela, um pilar em suas relações. Se você defender uma colérica em sua ausência, mostrando-se firme em sua defesa, conquistará sua confiança e amizade duradoura.

A colérica valoriza esse gesto porque ela mesma não hesitaria em fazer o mesmo por um amigo. Mesmo que discordem em alguns pontos, a colérica espera lealdade acima de tudo.

Elogie a colérica, especialmente suas conquistas e seus esforços. Pode parecer que ela não necessita de aprovação, mas, no fundo, o reconhecimento de suas realizações é importante para ela. Ela se dedica com afinco ao trabalho e às metas estabelecidas, portanto, reconhecer seu empenho é uma forma significativa de mostrar apreço.

A colérica também precisa de afeto. Por mais que carregue uma aura de autossuficiência, o afeto e a certeza de ser amado são fundamentais para ele. Demonstrar afeto, mesmo que ela não peça, é crucial para fazê-la sentir-se valorizada.

Permita que a colérica exerça liderança. Se houver espaço e oportunidade, deixe-o liderar. A colérica tem uma inclinação natural para a liderança e sente-se realizado ao assumir responsabilidades. Apoiar sua liderança não apenas o satisfaz, mas também contribui para o sucesso da equipe ou do projeto.

Respeite sua expertise. A colérica é frequentemente muito habilidoso em certas áreas. Reconhecer sua competência e pedir sua opinião ou ajuda não só o agrada como também fortalece sua autoestima.

Seja organizado e estabeleça metas claras. A colérica aprecia a ordem e a direção. Trabalhar de forma organizada e com objetivos bem definidos demonstra que você compartilha de valores semelhantes.

Não espere que a colérica seja excessivamente afetuoso ou fofo. Seu modo de expressar carinho pode ser diferente, mas isso não significa que ele não se importa. Aceite sua maneira de ser, compreendendo que seu amor e sua amizade podem ser demonstrados de outras formas.

Evite confrontos desnecessários. A colérica pode ter opiniões fortes, mas confrontos constantes não beneficiam a relação. Quando discordar, faça-o com respeito e buscando entender o ponto de vista dele.

Ajude-a a aceitar diferentes opiniões. A colérica pode ser teimosa, mas com paciência e exemplos, você pode mostrar-lhe a importância de considerar perspectivas diversas.

Incentive momentos de descanso. A colérica pode ter dificuldade em relaxar, então lembre-a da importância de pausas e momentos de lazer para recarregar as energias.

Entender e agradar uma colérica envolve respeitar sua natureza enquanto o incentiva a crescer em áreas como a da aceitação de diferentes perspectivas e da importância do descanso e do afeto. Reconhecer suas conquistas, demonstrar lealdade e apoiar sua liderança são chaves para fortalecer sua relação com uma colérica.

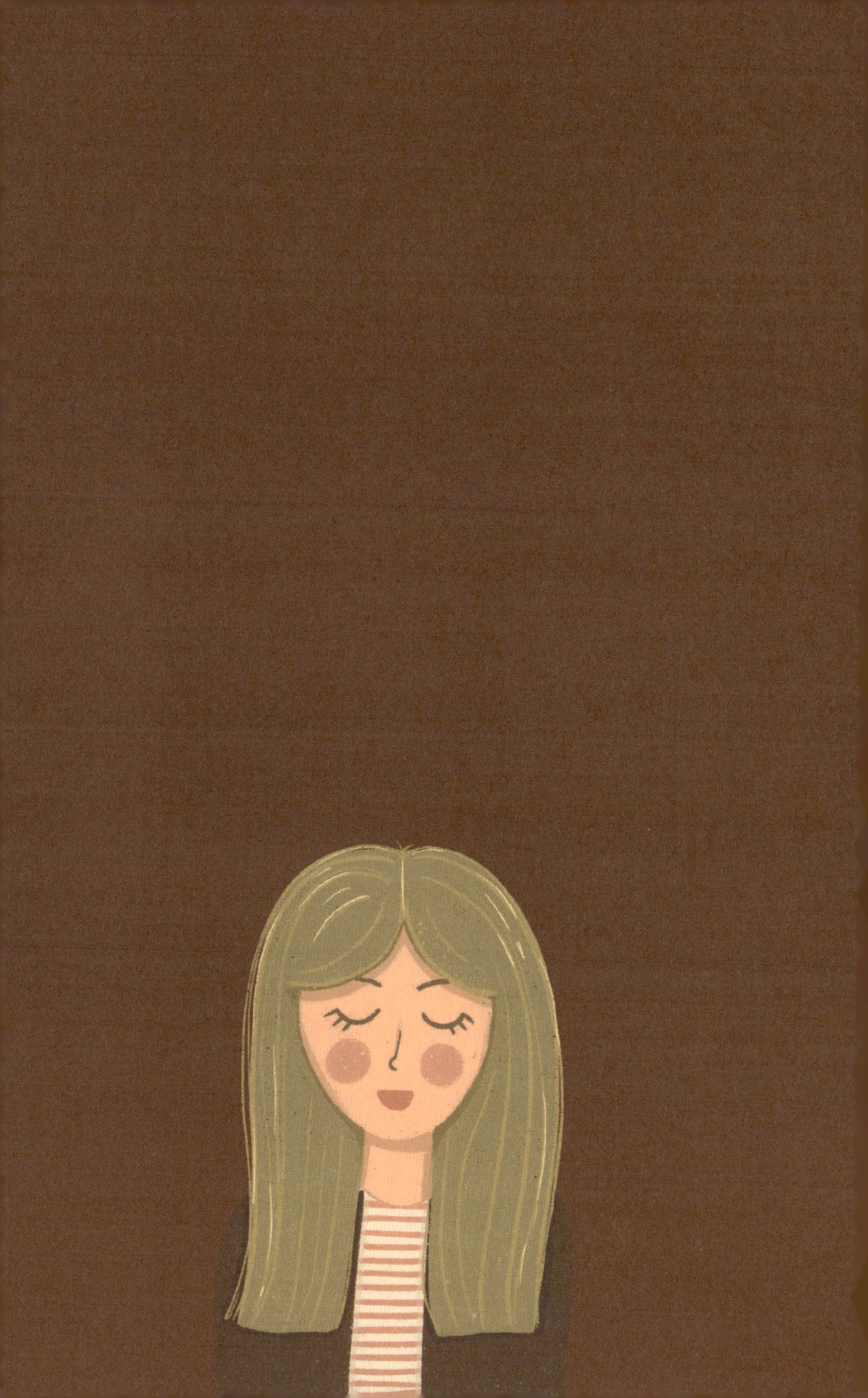

indecisa

✿ INTROVERTIDA
procrastinação
mau humor
boa ouvinte
perfeccionista
CAPRICHOSA
pensa muito
ORDEM
CRÍTICA com ela e com os outros.
amiga fica só em casa
SENSÍVEL

melancólica

empática
apreciar aprender
LEAL
pode ser pessimista
copo meio vazio
Criati...
quer ser a sua melhor versão
analisa tudo
sim sim não não
Planejamento a cha...
sente a dor do próximo
devagar
pre... apo...
não demonstra muito as suas emoções.
cautelosa
pensa antes de tomar decisão
aprec... uma b...
↪ apesar de senti-las profundamente.
ouve mais fala menos
Rígida
ROTIN...

COMO AMAR A PESSOA MELANCÓLICA

Para agradar uma pessoa melancólica é fundamental entender a combinação única de sua natureza seca e fria. Sua introversão a faz refletir profundamente antes de se expressar, e sua tendência a guardar sentimentos e experiências a torna marcada pelas vivências. A chave para se conectar com uma melancólica está em respeitar seu tempo e espaço, sem forçá-lo a ser algo que não é, especialmente em contextos sociais.

Demonstrar amor e apreciação é crucial, mas deve ser feito de maneira que respeite sua natureza reservada. Por serem pessoas que valorizam a profundidade e a sinceridade, as melancólicas apreciam gestos genuínos que reconheçam sua complexidade sem superficialidade. Elas não buscam grandes demonstrações públicas de afeto, mas sim sinais sinceros de apreço e entendimento.

Elogios que reconhecem seu esforço e dedicação, especialmente em relação ao trabalho e a conquistas pessoais, são especialmente valorizados. No entanto, esses devem ser entregues com sinceridade, pois o melancólico tem um senso aguçado para perceber o que é genuíno.

A sensibilidade do melancólico requer uma abordagem cuidadosa. Não diminua seus sentimentos ou suas perspectivas, mesmo que pareçam excessivamente críticas ou pessimistas para outros. Sua capacidade de análise profunda é uma força, não uma fraqueza, e deve ser respeitada. Ouvir atentamente, sem interrupções ou julgamentos, é uma das formas mais significativas de mostrar que você valoriza a visão e os sentimentos deles. Compreender a necessidade do melancólico por momentos de solidão é essencial.

Elas recarregam sua energia internamente e valorizam profundamente seu tempo sozinhas para reflexão. Pressioná-las a ser mais extrovertidas ou sociais pode ser contraproducente. Em vez disso, ofereça espaço para que elas venham até você em seus próprios termos.

Conversas significativas sobre a vida, o futuro e assuntos profundos nutrem a alma do melancólico. Elas apreciam a oportunidade de explorar ideias e emoções em um ambiente tranquilo e íntimo. Programas que favoreçam a intimidade, como assistir a um filme em casa ou jantar com um pequeno grupo de amigos, são preferíveis a grandes reuniões sociais.

O perfeccionismo da melancólica é uma faceta importante de sua personalidade. Elas são meticulosas e dedicadas, mas isso também pode torná-las lentos na execução de tarefas, pois estão sempre buscando a melhor maneira de fazer as coisas. Reconheça e valorize seu comprometimento com a qualidade, dando-lhes o tempo e o espaço necessários para concluir seus projetos a seu modo.

Ajudar uma melancólica a encontrar um equilíbrio entre seu criticismo e a aceitação da imperfeição pode ser um presente valioso. Encoraje-a a expressar seus sentimentos e pensamentos, oferecendo um ouvido atento e um coração compreensivo. Ensine-o, por meio do exemplo, a apreciar as pequenas alegrias da vida e a encontrar beleza na imperfeição.

Relações com outros temperamentos podem ser enriquecedoras para o melancólico, oferecendo-lhes diferentes perspectivas e desafios. Um sanguíneo pode trazer leveza e alegria, uma colérica pode estimular a ação, um fleumático pode oferecer compreensão e tranquilidade, e outro melancólico pode compartilhar profundidade e reflexão. Em todas essas interações, o respeito mútuo e o desejo de crescer juntos são fundamentais.

    Entender e apreciar uma melancólica pelo que ela realmente é, sem tentar mudá-la, mas apoiando-a em seu crescimento pessoal, é a melhor forma de demonstrar amor e afeto. Reconhecer suas nece3ssidades, dar espaço para sua natureza reflexiva e apoiar suas jornadas internas são atos de amor que eles valorizam profundamente.

INTROVERTIDA querida
indiferente ama ouvir as amigas
desmotivada
PAZ e AMOR
evita brigas "tô nem aí" BOA de PAPO
Tranquila
Reumática
"posso ser cínica"   pouca energia   PASSIVIDADE   confiável
pensa mais do que fala   bem humorada   silêncio sensível
INTUITIVA
pouco expressiva   mas acha difícil expressar
PRECISA DESCANSAR   observadora
Empática   PRÁTICA   PA
parece preguiça   não conseg
desanimada   expressar
mas não é.   precisa   muito os se
descansar   de um   sentimentos
é preciso   PROPÓSITO
diplomática   querida   se adapt
facilment
Pacificadora   apesar d
preferir ROT

Lenta

COMO AMAR A PESSOA FLEUMÁTICA

Para agradar pessoas fleumáticas e mostrar que você se importa, lembre-se de que elas valorizam a introversão e a sensibilidade, frutos de sua natureza fria e úmida. Essas características fazem com que a fleumática reflita profundamente antes de expressar seus sentimentos, e apesar de não se marcarem por muito tempo com eventos, elas desejam sentir-se amadas e valorizadas.

Uma forma eficaz de demonstrar amor à fleumática é por meio de gestos discretos e pessoais. Elas preferem manifestações de carinho que não as coloquem no centro das atenções. Por exemplo, escrever uma carta ou fazer uma ligação íntima pode ser mais apreciado do que proclamações públicas de afeto. Elogios, quando feitos, devem reconhecer suas sensibilidades e contribuições, mas de forma sutil, sem grande alarde, pois isso ressoa mais com sua natureza reservada.

A fleumática valoriza seu tempo para processar pensamentos e sentimentos, então é crucial respeitar seu ritmo, evitando pressioná-la para ação ou decisões rápidas. Ela é comprometida e diligente uma vez que decide agir, por isso, a pressa é desnecessária e contraproducente.

Engajar-se em conversas sobre sonhos e futuros planos pode ser muito gratificante para uma fleumática. Ela gosta de refletir sobre a vida e aprecia quando outros a ajudam a visualizar e planejar seus objetivos. Proporcionar experiências tranquilas e permitir momentos de descanso é fundamental, pois a fleumática prefere atividades mais serenas e ambientes calmos.

Incentivar a expressão de sentimentos é outra forma de mostrar que você se importa. Por serem menos propensas a abrir-se, as pessoas podem se beneficiar de um empurrãozinho amigável que as encoraje a compartilhar mais de si. Ajude-as a encontrar um propósito em suas ações e a definir metas claras que inspirem ação, pois isso traz uma motivação extra muito necessária para elas.

Promover boas amizades é crucial, incentivando relações que apoiem seu crescimento pessoal e os protejam de influências negativas. Além disso, ajudá-las a encontrar um equilíbrio entre se proteger e se abrir para novas experiências pode ser muito valioso, garantindo que não se fechem completamente ou se deixem influenciar negativamente.

Ao lidar com uma fleumática, reconheça e valorize sua natureza tranquila e reflexiva, adaptando seu apoio para que se sintam entendidas e apreciadas. Tais gestos de carinho e reconhecimento, quando feitos de maneira a respeitar suas sensibilidades e preferências por interações mais íntimas, podem fortalecer significativamente o vínculo entre vocês.

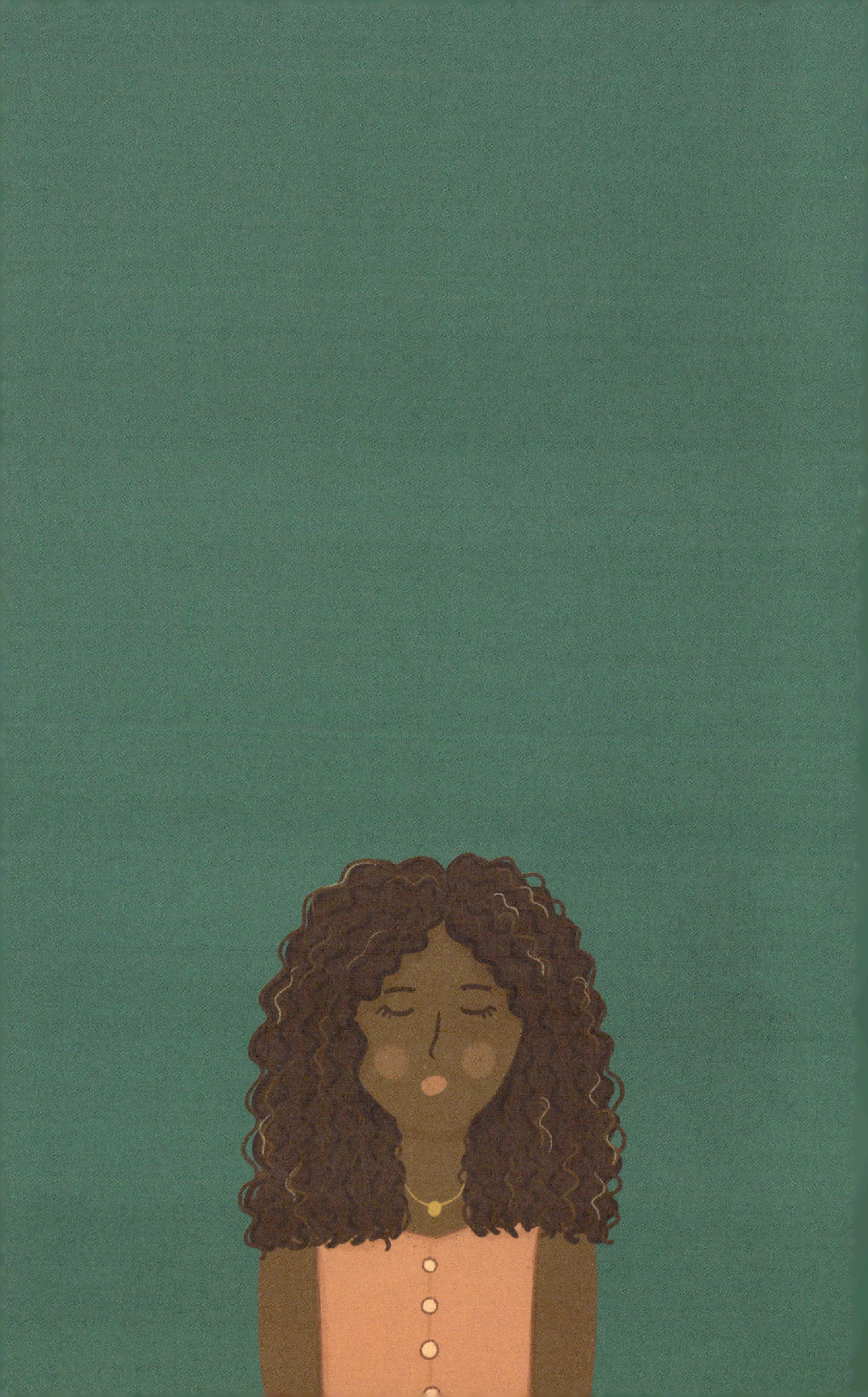

O TEMPERAMENTO DAS CRIANÇAS

Como pais, brincamos que crianças não vêm com manual de instruções, e, de certa forma, isso é verdade. Contudo, compreender o temperamento de seu filho ou filha pode ser quase como ter um guia nesse desafiador, porém recompensador, processo de educação.

Importante destacar: cada criança é única. O temperamento não deve engessar ou limitar, mas servir como um farol, iluminando caminhos que nos permitam educar de maneira mais equilibrada e eficaz. Com essa compreensão, podemos adaptar nosso estilo parental para atender às necessidades específicas de cada criança, melhorar a comunicação e expressar amor de maneira que seja genuinamente percebido.

A ciência dos temperamentos nos fornece ferramentas para prevenir conflitos, maximizar potenciais e apoiar nossos filhos a superar desafios inerentes ao seu modo natural de ser.

Eu sempre gostei de estudar sobre pessoas e suas emoções e personalidades, mas foi quando me tornei mãe que decidi me aprofundar nesse universo do autoconhecimento.

Meus filhos têm temperamentos e personalidades bem diferentes. Os dois são extrovertidos, mas cada um traz uma forma muito particular de lidar com a vida.

E então descobrir que preciso ser uma mãe para cada filho e exercer uma forma de educar personalizada de acordo com os temperamentos dos meus filhos.

Por isso quero ajudar você a conhecer mais sobre cada temperamento infantil. Nesta seção, exploraremos como essas características interagem com diferentes estilos parentais. Isso nos capacitará a ajustar nossas abordagens e fortalecer os laços familiares.

cheia de histórias
ALEGRE
falante
Extrovertida
ama estar com os amigos
chora fácil
A criança
pouco atenta
SANGUÍNEA
vê o lado positivo da vida
querida
empolgada
EXPRESSIVA
Comunicativa
divertida
LEVE
amorosa
ama conversar
ama passear
lida bem com mudanças
gosta de contar histórias
CATIVANTE
esquecida
otimista
preocupada com quem ama
alegria DA casa
DR M
dramática
desfocada
cheia de energia
engraçadinha
muito Relacional
AVENTUREIRA

A CRIANÇA SANGUÍNEA

Começaremos pelo temperamento sanguíneo. Imagine as crianças como versões em miniatura dos adultos, mas filtradas pelo encanto e pelos desafios da infância. O temperamento sanguíneo, associado ao elemento ar, nos dá pistas sobre uma criança que pode encontrar dificuldades em permanecer quieta, dada sua natureza expansiva e ávida por explorar tudo ao seu redor.

As crianças sanguíneas tendem à dispersão. São crianças agitadas e muito falantes. São pequenos contadores de histórias. Assim como os adultos, as crianças sanguíneas gostam de envolver e ter pessoas ao seu redor. Elas amam cultivar relacionamentos.

Uma criança sanguínea é extremamente sensível. E não é raro que os pais confundam a criança sanguínea com a melancólica. Isso porque a criança que não desenvolveu totalmente sua capacidade de se comunicar não consegue expressar de forma completa suas emoções ou vontades. Isso faz com que elas chorem mais e se sintam irritadas ou magoadas.

Crianças sanguíneas costumam ser dramáticas. Meu filho Daniel é uma criança muito expressiva e dramática. Muitas vezes, ele arranha o joelhos e nos faz pensar que quebrou a perna, tamanha sua expressividade diante daquela dor. Ele chora e diz que aquela dor nunca mais passará e por isso nunca mais conseguirá brincar ou comer.

Há uma semana, ele me disse que precisava falar comigo sobre uma dor que estava sentindo no ouvido. Ele me contou que a dor no ouvido havia descido para o pescoço e em razão disso acreditava ter quebrado algum osso do pescoço e que provavelmente aquela dor jamais passaria. O drama da pessoa sanguínea traz um ar de pessimismo que pode ser confundido com o melancólico.

A melhor forma de lidar com tantas emoções é acolhendo-as. Os pais são responsáveis por ensinar suas crianças sanguíneas a entenderem e expressarem de forma saudável suas emoções.

A criança sanguínea precisa de abraço, de paciência e acolhimento. Em vez de perder a paciência com todo o drama, acolha a sua criança. O relacionamento com os pais para essa criança que é tão emotiva e sensível é essencial.

A criança sanguínea pode ser desorganizada. Ela é ar e, portanto, dispersa. Essa dispersão também ocorre nas áreas mais práticas da vida. Essa criança precisará de uma estrutura organizada e de uma rotina bem estabelecida para que aprenda a se organizar.

Para os pais de uma criança sanguínea, antecipar comportamentos e preparar estratégias se torna essencial, especialmente em ambientes que exigem quietude e atenção prolongada. Lembre-se, a tendência da criança sanguínea não é desafiar, mas expressar seu modo inato de interagir com o mundo. A chave está em orientá-la com paciência, criatividade e, acima de tudo, amor.

À medida que a criança sanguínea cresce, sua natureza expressiva, curiosa e amorosa se torna mais evidente. Ela valoriza a interação social, é rápida em se adaptar a novas situações e tem uma capacidade admirável de perdoar e seguir em frente. Seu desafio como pai ou mãe será canalizar essa energia e sensibilidade para aprendizados construtivos, ajudando-a a focar quando necessário e a processar suas emoções de forma saudável.

Cada temperamento traz seus desafios e recompensas. Com sabedoria e compreensão, é possível guiar cada criança pelo caminho que melhor corresponde às suas características intrínsecas, promovendo um ambiente familiar onde todos podem crescer, aprender e prosperar juntos.

A CRIANÇA SANGUÍNEA E OS PAIS DE CADA TEMPERAMENTO

Agora abordaremos como os quatro tipos de pais, cada um com seu temperamento distinto, interagem com uma criança sanguínea. A interação entre pais e filhos é profundamente influenciada pelos respectivos temperamentos, resultando em desafios e benefícios únicos.

Para pais sanguíneos com uma criança sanguínea, a harmonia natural reside na empatia mútua e na capacidade de compreensão emocional. Esses pais, dotados de sensibilidade e amorosidade, podem criar uma ligação especial com a criança, promovendo um ambiente familiar de alegria e diversão. Contudo, enfrentam o desafio da disciplina e organização, áreas cruciais para o desenvolvimento saudável da criança que demanda estratégias lúdicas e criativas para implementar rotinas e limites.

Pais coléricos enfrentam um desafio singular ao educar uma criança sanguínea: equilibrar a firmeza necessária na disciplina com a sensibilidade requerida para não ferir o espírito livre e sensível da criança. A chave está na comunicação construtiva e no estabelecimento de regras claras de forma amorosa, visando orientar a criança sem suprimir sua natureza expansiva.

No caso de pais melancólicos, a principal barreira é superar a própria introspecção e perfeccionismo para se conectar com a energia e o otimismo da criança sanguínea. É crucial que esses pais aproveitem sua criatividade e compreensão emocional profunda para se adaptar às necessidades expressivas da criança, ao mesmo tempo em que ensinam a importância de estrutura e limites com gentileza e paciência.

Para pais fleumáticos, o maior desafio é lidar com a energia incessante da criança sanguínea e sua tendência à distração. A calma inata dos pais fleumáticos pode ser uma bênção na gestão dos dramas emocionais da criança, mas eles devem se esforçar para incentivar atividades que ajudem a canalizar a energia da criança de forma produtiva, ao mesmo tempo em que promovem estruturas e rotinas que ajudem na concentração e no aprendizado.

Em todas essas dinâmicas, é fundamental que os pais reconheçam e respeitem as inclinações naturais de seus filhos, enquanto trabalham para desenvolver suas áreas de desafio. A compreensão do temperamento da criança pode servir como uma ferramenta valiosa para personalizar a educação e o cuidado, assegurando que cada criança seja amada, compreendida e guiada de acordo com suas necessidades únicas.

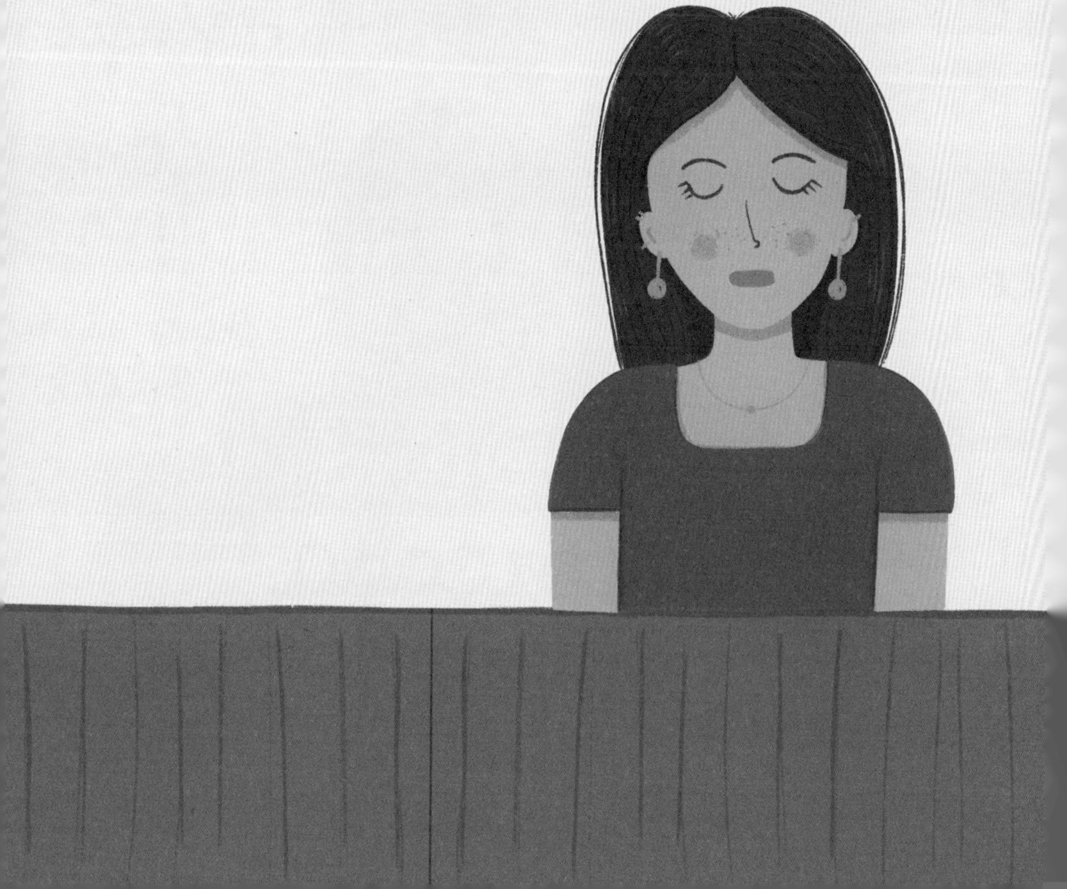

A criança colérica

- não muda de idéia com facilidade
- DONA DA própria OPINIÃO
- FOCADA
- gosta de dar órdens
- EXTROVERTIDA
- falante
- ama liderar
- LEAL
- DIRETA
- cheia de energia
- começa a tarefa e vai até o fim!
- confiante
- gosta de desafios
- determinada
- ASSERTIVA
- COMPETITIVA
- comanda as brincadeiras
- não desiste fácil!
- ama AJUDAR
- LÍDER
- esforçada
- sincera
- RÁPIDA
- prática
- ENERGIA
- empreendedora nata
- ORGANIZADA
- animada BRAVA
- ambiciosa

A CRIANÇA COLÉRICA

E quando a criança é colérica, costumo dizer que ela é como o Sol radiante no céu, de tão intenso que é. Representada pelo fogo, a criança colérica transborda energia e presença.

As crianças coléricas são notáveis por sua determinação incansável. Elas são ambiciosas, desejam fazer tudo por conta própria e têm um foco impressionante. Diferentemente da criança sanguínea, que pode desviar a atenção rapidamente para novas atividades, a colérica mantém-se persistente até concluir o que começou.

Aqui em casa, tenho um filho sanguíneo e uma filha colérica. Enquanto Carolina permanece uma hora focada em uma mesma atividade, Daniel faz cinco atividades diferentes. A criança colérica é, de fato, focada e tenaz.

Essa tenacidade, embora admirável, pode também apresentar desafios aos pais, manifestando-se como uma certa teimosia. Minha filha é um exemplo vivo dessa energia. Diante de desafios diários, como subir ou descer as escadas, ela não hesita em tentar superá-los sozinha, demonstrando sua característica determinação. Então, em vez de descer um degrau de escada por vez, ela prefere ser mais eficiente e descer dois (e até três, caso eu não a proíba) de uma só vez.

A liderança é uma qualidade inata dessas crianças. Desde cedo, elas mostram aptidão para liderar, assumindo responsabilidades sem medo. O desafio para os pais está em orientar essa liderança para que seja exercida com empatia e servidão, evitando que a criança se torne dominadora ou autoritária.

As crianças coléricas também se destacam por seu entusiasmo. Elas se envolvem de corpo e alma nas atividades que realizam, inspirando todos ao redor com sua energia vibrante.

Entretanto, a impaciência e a frustração são desafios frequentes. Elas esperam resultados imediatos e podem se irritar quando as coisas não saem como planejado. É essencial ensinar a criança colérica a lidar com frustrações e a ver obstáculos como oportunidades de aprendizado.

A tendência ao domínio e a dificuldade em aceitar derrotas são outras características marcantes. Competitivas por natureza, essas crianças podem reagir negativamente a falhas ou perdas. Cabe aos pais ajudá-las a compreender que falhar faz parte do processo de crescimento.

Para lidar com uma criança colérica, a paciência é fundamental. É preciso ensiná-la a expressar suas emoções de maneira saudável e a entender que nem sempre as coisas acontecem como o desejado.

Estabelecer uma rotina clara e envolver a criança em atividades desafiadoras pode ajudar a canalizar sua energia de forma produtiva. Arrumar sua própria cama, tirar o lixo, organizar seus brinquedos. Esses são exemplos de atividades diárias que garantirão a responsabilidade e o desafio que trazem paz para um pequena colérica. Em suma, criar uma criança colérica é um desafio recompensador.

Compreender e respeitar suas características intrínsecas, ao mesmo tempo em que se guia seu desenvolvimento, pode transformar essa energia intensa em uma força para o bem. Com amor, paciência e orientação adequada, essas crianças têm o potencial de se tornar líderes inspiradores e determinados.

A CRIANÇA COLÉRICA E OS PAIS DE CADA TEMPERAMENTO

E os pais sanguíneos, como se relacionam com essas crianças coléricas? Elas tendem a se entender bem, compartilhando uma energia vibrante. Ambos são calorosos, extrovertidos e expressivos, o que facilita o acompanhamento, por parte dos pais, das atividades dinâmicas dos filhos coléricos.

Cheios de energia e entusiasmo, gastam essa força em passeios e brincadeiras, tornando esse aspecto da relação bastante harmonioso. No entanto, quando pais sanguíneos se deparam com filhos coléricos, explosões emocionais são possíveis. Isso ocorre porque ambos têm uma natureza expressiva, e diante da frustração dos filhos, podem surgir conflitos intensos.

Os pais precisam reconhecer seu papel como adultos na relação, mostrando à criança a importância do autocontrole, refletindo suas próprias atitudes como um espelho para seus filhos. Essa sabedoria é crucial para gerenciar os momentos de tensão.

Um desafio comum aos pais sanguíneos é a dificuldade em estabelecer limites. Sendo naturalmente menos organizados e propensos a esquecer compromissos, os pais sanguíneos precisam de um esforço adicional para trazer a estabilidade necessária para os coléricos, que se beneficiam de rotina e disciplina para canalizar sua energia de forma produtiva.

Falhas em manter promessas podem levar a frustrações, ressaltando a importância de uma gestão eficaz do tempo e dos compromissos por parte dos pais. Esse esforço em manter a palavra e proporcionar uma estrutura é fundamental para evitar conflitos.

Os pais sanguíneos, sempre inclinados a agradar e demonstrar afeto, devem equilibrar essa tendência com a firmeza necessária para serem vistos como autoridades respeitáveis, não apenas como amigos. Essa firmeza ajuda a criança colérica a entender e respeitar as regras, contribuindo para seu desenvolvimento saudável.

Normalmente, os pais coléricos são os que mais enfrentam desafios ao criar filhos coléricos. Isso acontece porque pais coléricos frequentemente se sentem desrespeitados com a capacidade de liderança da pequena colérica. A criança colérica naturalmente tentará dominar a liderança e estabelecer as regras. A melhor maneira de pais coléricos educarem uma criança é por meio da técnica do espelho. Se você é uma mãe colérica, precisa entender que é a pessoa adulta da relação. Seja você a primeira pessoa a demonstrar calma e respeito em suas reações.

O fogo é capaz de dobrar de tamanho a cada trinta segundos. Assim é a ira de uma pessoa colérica. Agora imagine uma criança colérica que ainda não aprendeu a lidar com tamanha expansividade e raiva. O papel dos pais é ensinar. Seu filho colérico precisa de você, e não de sua fúria. Você não precisa ser permissiva, mas também não é necessário ferir e acabar com a capacidade de liderança de sua criança.

Crianças coléricas que crescem achando que liderar é errado se tornam adultos inseguros e líderes tímidos. Escolha áreas da vida em que a sua criança possa exercer a sua liderança. Entregue a ela responsabilidades coerentes com sua idade.

Quanto aos pais melancólicos, a dinâmica com filhos coléricos pode ser complexa, dada a sobrecarga emocional que os intensos podem causar. Melancólicos precisam de tempo e organização, contrastando com a natureza impulsiva dos coléricos. A chave está em encontrar um equilíbrio, oferecendo compreensão e apoio emocional, ao mesmo tempo que se posiciona como uma figura de liderança e respeito.

Os pais melancólicos, com sua tendência à reflexão e sensibilidade, podem ensinar valores como empatia e liderança respeitosa, promovendo o crescimento emocional e a maturidade dos coléricos. A organização e previsibilidade natural das melancólicas proporcionam a estrutura de que os coléricos precisam para se sentirem seguros.

Por outro lado, pais fleumáticos, com sua calma e paciência, podem ajudar a moderar a intensidade dos coléricos sem reprimir sua energia vital. Encorajar formas saudáveis de expressão dessa energia é essencial para que a criança aprenda a gerenciá-la de modo construtivo.

A firmeza, em todas essas dinâmicas, é crucial. As crianças coléricas respeitam a autoridade quando percebem clareza e liderança. Os pais, independentemente do temperamento, devem estabelecer-se como figuras de autoridade amorosas, mas firmes, ensinando o valor do respeito desde cedo.

Cada criança tem seus desafios e suas qualidades únicas, e nosso papel como pais é reconhecê-los e incentivar o crescimento, estando no caminho certo para um desenvolvimento harmonioso e equilibrado.

pouco animada
tranquila
BOA ouvin[te]
calma mas as vezes explode
INTROVERTIDA
SIM SI[M]
não nã[o]
a criança
exigente
melancólica
Capri chosa
sensível
se sente injustiça[da]
Tente a ser obediente.
Introspectiva
gosta de rotina
carinhosa
SENSÍVE[L]
criativa
fala menos
crítica
reflexiv[a]
cheia de Regras
organizada
PROFUND[A]
cho[ra] fác[il]
ATEN ciosa
pensativa
perfeccionista
NÃO GOSTA de errar
LEAL
ORGANIZADA

A CRIANÇA MELANCÓLICA

A criança melancólica assemelha-se a uma flor rara e singular, necessitando de atenção especial para florescer plenamente. Essa criança distingue-se pela sua profunda sensibilidade, introspecção e um incessante desejo de encontrar significado nas experiências vividas. Dotada de uma sensibilidade que ultrapassa o comum, a criança melancólica vê o mundo através de uma lente introspectiva, processando a vida internamente com pouca expressão externa. Quando vivencia algo marcante, ela tende a refletir intensamente, armazenando suas impressões até encontrar um meio de se expressar.

Com uma percepção aguçada, capaz de captar nuances e sutilezas imperceptíveis a muitos, sua visão da vida é poética. Como uma esponja emocional, absorve as emoções ao seu redor, intensificando sua criatividade e imaginação. Nesse universo mental rico e expansivo, a criatividade não apenas brota, mas também ganha asas, permitindo-lhe explorar ideias inovadoras e apreciar belezas ocultas aos olhos alheios. Essa capacidade única, no entanto, muitas vezes passa despercebida por aqueles ao seu redor devido à natureza reservada dessa criança.

Além da criatividade, a empatia e a compaixão são traços marcantes. Seu coração compassivo a torna particularmente sensível ao sofrimento alheio, fazendo-a uma amiga leal e acolhedora. No entanto, essa mesma sensibilidade a torna vulnerável à tristeza e à ansiedade, especialmente em ambientes tensos ou diante de injustiças mundiais. É crucial, portanto, protegê-la de exposições negativas, que podem intensificar sua propensão ao sofrimento.

O perfeccionismo é outra característica proeminente, levando-a a uma busca incessante pela excelência em todos os aspectos da vida. Essa aspiração, embora louvável, pode ser uma fonte de frustração e desânimo, dada a inalcançável natureza da perfeição. Adicionalmente, sua aversão a mudanças demanda uma abordagem cuidadosa, pois valoriza profundamente a estabilidade e a segurança. Mudanças repentinas podem desorientá-la, sublinhando a importância de manter uma rotina consistente e um ambiente estável.

É fundamental ensinar a criança melancólica a aprender com o erro, e não a sofrer pelo erro.

Para crianças melancólicas, especialmente aquelas em famílias sujeitas a mudanças frequentes, como as de profissionais que requerem mobilidade constante, a estabilidade emocional e a preservação de elementos constantes na vida são essenciais. Pequenos símbolos de continuidade, como brinquedos favoritos ou rituais familiares, podem fornecer o conforto necessário para navegar pelas ondas de mudança.

Em resumo, a criança melancólica, com sua rica tapeçaria emocional e intelectual, requer um olhar atento e cuidadoso para garantir que seu potencial seja plenamente realizado. A compreensão, o apoio e a adaptação ao seu mundo interior são a chave para ajudá-la a prosperar, transformando suas sensibilidades únicas em forças que enriquecem a si mesma e ao mundo ao seu redor.

A CRIANÇA MELANCÓLICA E OS PAIS DE CADA TEMPERAMENTO

A relação entre pais sanguíneos e crianças melancólicas traz uma mistura interessante. Por um lado, a alegria e a leveza dos pais sanguíneos podem ser exatamente aquilo de que a criança melancólica precisa para ver o mundo de forma mais positiva, especialmente quando ela se fixa nas dificuldades da vida.

Esses pais têm a capacidade de ensinar a criança a focar o lado bom das situações, ajudando-a a superar momentos de tristeza. No entanto, é vital que, nesse processo de trazer positividade, os pais sanguíneos evitem parecer superficiais. É importante não desconsiderar a profunda sensibilidade da criança melancólica, mas, sim, ouvi-la atentamente.

A escuta, que pode ser um desafio para os sanguíneos, torna-se essencial aqui. Uma criança melancólica que decide compartilhar seus sentimentos está dando um passo importante, e isso requer uma atenção especial.

Quando a criança expressa tristeza, por exemplo, por um amigo que mudou de escola, a resposta não deve minimizar seus sentimentos. Em vez de apenas tentar distraí-la com a promessa de novas amizades, os pais devem validar sua tristeza, reconhecendo a importância da amizade perdida e sugerindo maneiras concretas e significativas de manter essa conexão, além de abrir espaço para novos relacionamentos. Isso demonstra um entendimento profundo dos sentimentos da criança, sem cair na superficialidade.

Além disso, a criança melancólica valoriza seu espaço pessoal, especialmente em momentos de reflexão. Portanto, é crucial que os pais sanguíneos respeitem esse aspecto, evitando forçá-la a se adaptar a situações que vão contra sua natureza introspectiva. Expor a criança melancólica a ambientes ou expectativas que não respeitam sua individualidade pode levar a um sentimento de incompreensão e isolamento.

A interação com pais coléricos apresenta seus próprios desafios e recompensas. A estrutura e a organização trazidas pelos pais coléricos podem ser benéficas, mas a chave está em ajustar a abordagem para acolher a sensibilidade da criança melancólica. A comunicação precisa ser adaptada para garantir que a criança se sinta não só ouvida, mas também valorizada em sua complexidade emocional.

Pais melancólicos encontrarão terreno comum com seus filhos, compartilhando uma compreensão inata de suas profundas sensibilidades. No entanto, é essencial que os pais também se concentrem em desenvolver uma perspectiva mais otimista e menos crítica, para servir de exemplo e guia para seus filhos.

Para pais fleumáticos, a calma e a estabilidade são pontos fortes, mas é importante não negligenciar a expressão de emoções e o incentivo ao diálogo. Crianças melancólicas precisam de reassuração verbal de amor e apreço, assim como de conversas que as ajudem a ver o lado positivo da vida.

Em todas essas dinâmicas, a sensibilidade, o respeito pelo espaço pessoal da criança e a comunicação adaptada são cruciais. Os pais devem ser intencionais em sua abordagem, garantindo que suas palavras e ações apoiem o bem-estar emocional e o desenvolvimento da criança melancólica.

Esse é um processo de aprendizado contínuo, em que a meta é criar um ambiente de compreensão mútua, amor e respeito, permitindo que a criança melancólica cresça sentindo-se segura, compreendida e valorizada.

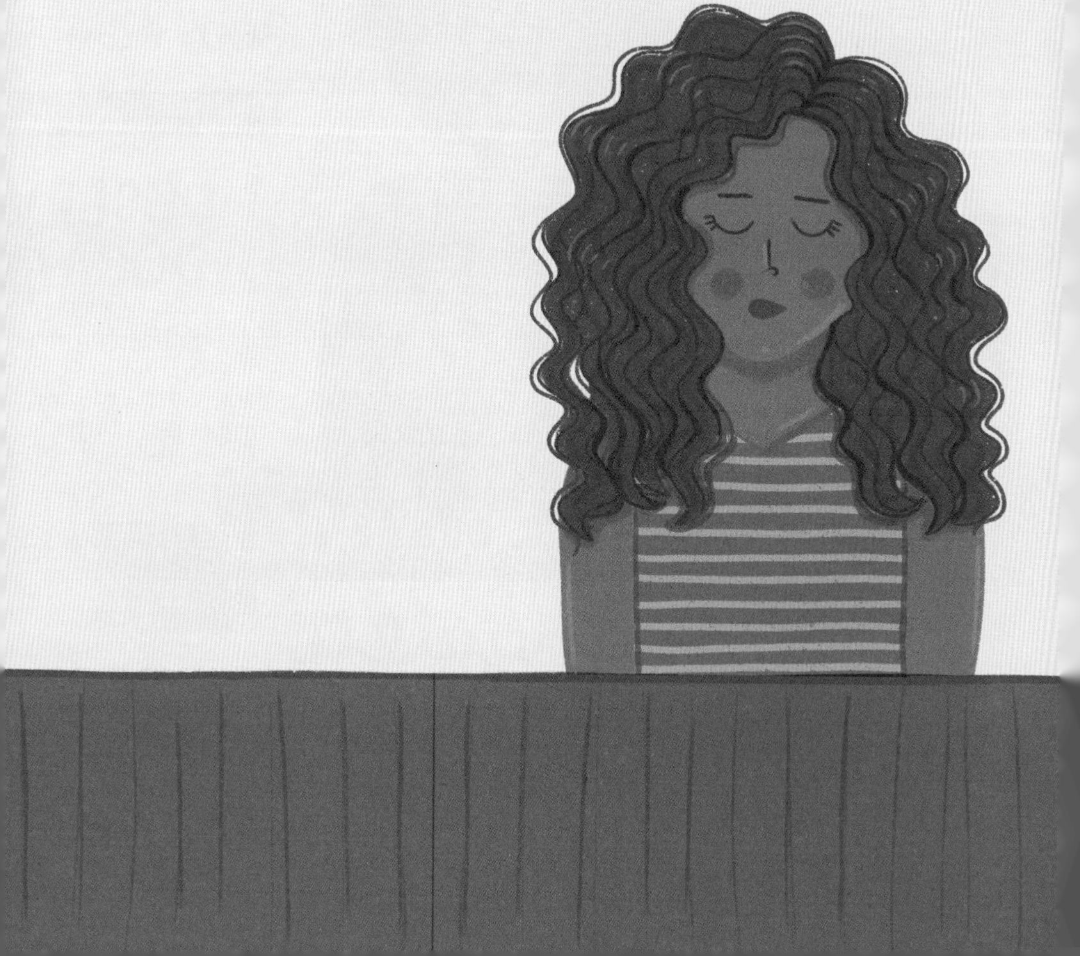

A criança FLEUMÁTICA

- CONFIÁVEL
- fala pouco
- consistente
- paz e amor
- Introvertida
- tem um ritmo mais lento
- relaxada
- estável
- brinca bem sozinha
- mansa
- SENSÍVEL
- PACÍFICA
- Bom humor
- Calma
- Boa ouvinte
- Pouca Energia
- ENGRAÇADINHA
- OBSERVADORA
- Tolerante
- um pouco mais LENTA
- desconfiada
- INDIFERENTE
- Pacificadora
- Tranquila
- diplomática
- agradável
- ama DESCANSAR
- mediadora de conflitos

A CRIANÇA FLEUMÁTICA

A criança fleumática é como um riacho tranquilo, seguindo seu fluxo entre as pedras, com aquele barulhinho suave de água. Ela é calma, serena, compreensiva, tendendo a ser uma das crianças mais fáceis de lidar. Ela tem uma tranquilidade interior, sendo um oásis de paz em um mundo agitado. Como uma rocha firme, resiste às tempestades da vida com equilíbrio, mantendo-se serena mesmo quando o ambiente está caótico.

Apesar dessa aparência calma, isso não significa que ela não sinta ansiedade ou desconforto. Por ser tão tranquila, pode parecer aos pais que ela não está sendo afetada pela confusão à sua volta, mas isso é enganoso. Como águas tranquilas do oceano com tanta vida em suas profundezas, as crianças fleumáticas escondem a sua alma. Isso não acontece por malícia, mas porque essa é sua natureza. Ela busca trazer tranquilidade, não querendo ser vista como um problema.

Naturalmente silenciosa e observadora, a criança fleumática valoriza a introspecção e a curiosidade, mostrando grande interesse em aprender coisas novas. Sua adaptabilidade e flexibilidade são como a de uma planta que se curva suavemente ao vento, capaz de lidar com mudanças e desafios de maneira graciosa, ao contrário da criança melancólica, que pode ter dificuldades com mudanças.

Toda criança, incluindo a fleumática, se beneficia de uma rotina e de um ambiente organizado, embora ela se adapte facilmente a mudanças, como mudar de cidade, sem que isso a afete profundamente.

Contudo, suas fraquezas naturais incluem indecisão e passividade, especialmente diante de decisões importantes. Ela pode ter dificuldade em expressar suas necessidades e seus desejos, preferindo evitar confrontos. Diante de um conflito, por exemplo, entre irmãos com preferências diferentes, ela pode não manifestar sua opinião, optando por um "tanto faz", mesmo desejando outra coisa, para evitar mais conflito.

A falta de iniciativa e a tendência à procrastinação diante de tarefas desafiadoras são outros desafios para ela. Uma tarefa simples, como arrumar o quarto, pode ser vista como um grande desafio. Para ajudá-la a superar essas barreiras, é importante desafiar a criança de maneira sensível e lúdica, mostrando-lhe o propósito e o interesse nas atividades propostas.

Lidar com conflitos é particularmente desafiador para a criança fleumática, que os evitará a todo custo para manter sua paz. Quando confrontada, ela pode se retrair ou se isolar. Alcançar seu coração requer sensibilidade e respeito pelo seu espaço. É fundamental conversar e encorajar a expressão de sentimentos e opiniões, mesmo que sejam críticas aos pais, sempre com respeito e abertura ao diálogo.

Assim, ao abordar a educação e o relacionamento com a criança fleumática, é essencial cultivar um ambiente de compreensão, respeito e estímulo ao desenvolvimento de suas habilidades de enfrentamento, expressão e adaptação, sempre considerando suas características únicas e valorizando sua tranquilidade e capacidade observadora.

A CRIANÇA FLEUMÁTICA E OS PAIS DE CADA TEMPERAMENTO

Os pais sanguíneos e as crianças fleumáticas formam uma combinação interessante. Os pais sanguíneos, sendo expansivos, extrovertidos e alegres, contrastam com as crianças fleumáticas, que são mais introvertidas.

Apesar dessas diferenças, ambos compartilham a "umidade", uma tendência para nutrir relações calorosas e valorizar a amizade e o amor. Para os pais sanguíneos, proporcionar um ambiente acolhedor e cheio de amor para as crianças fleumáticas é algo natural, facilitando a criação de um espaço onde as crianças se sentem queridas e podem desfrutar da companhia de amigos em casa.

Um desafio importante para os pais sanguíneos é o respeito pelo espaço individual da criança fleumática. É essencial que a criança sinta seu espaço respeitado, tendo tempo para processar seus sentimentos e pensamentos sem ser sobrecarregada por emoções ou expectativas externas. Evitar ser controlador e respeitar a necessidade da criança de introspecção e tempo sozinha é crucial para manter uma relação saudável.

Embora os pais sanguíneos sejam naturalmente empáticos e capazes de oferecer uma atmosfera leve e divertida, a falta de organização e rotina pode ser um ponto de tensão. As crianças fleumáticas, apesar de sua adaptabilidade, beneficiam-se de uma rotina estável e de um ambiente previsível para se sentirem seguras e confortáveis.

Os pais coléricos, por sua vez, podem fornecer a estabilidade e a estrutura de que a criança fleumática precisa para enfrentar desafios. Sua natureza prática e orientada para o futuro pode ajudar a criança indecisa a encontrar direção e propósito. No entanto, é importante que os pais coléricos sejam sensíveis à natureza mais reservada da criança fleumática, incentivando-a sem forçar ou pressionar demais.

Os pais melancólicos e as crianças fleumáticas tendem a criar um ambiente calmo e tranquilo. No entanto, há um risco de distanciamento emocional se ambos se retraírem demais em sua introspecção. Os pais melancólicos devem usar sua sensibilidade para se conectar intencionalmente com seus filhos fleumáticos, encorajando-os a compartilhar seus pensamentos e sentimentos.

Finalmente, os pais fleumáticos e as crianças fleumáticas compartilham uma paz e uma calma inatas, criando um lar harmonioso. O desafio aqui é evitar a complacência e incentivar proatividade e engajamento com o mundo exterior. Desenvolver e modelar um senso de propósito e entusiasmo pela vida é vital para guiar a criança fleumática por meio de amizades saudáveis e escolhas positivas.

Em todos os casos, a melhor escolha será abordar a educação e o desenvolvimento dos nossos filhos à luz da Bíblia, utilizando suas orientações para superar fraquezas temperamentais e promover valores de amor, respeito e obediência.

Como pais, somos chamados para discipular nossos filhos. A espiritualidade e a fé podem oferecer recursos valiosos tanto para nós, pais, quanto para nossos filhos no processo de crescimento e aprendizado mútuo, assegurando que criemos filhos saudáveis, seguros de seu valor, amados e respeitados, capazes de refletir esses mesmos valores em seu relacionamento com os outros e com Deus.

Que consigamos evitar o autoritarismo e a permissividade. E que nossa jornada da parentalidade seja abençoada e inspirada, levando a resultados positivos e enriquecedores para toda a família.

*"Pais, não irritem os seus filhos,
para que eles não desanimem."*
COLOSSENSES 3:21

*"Discipline o seu filho, pois nisso há esperança;
mas não deseje causar a morte dele."*
PROVÉRBIOS 19:18

CAPÍTULO 7

A VIDA CRISTÃ

Esta seção é particularmente especial ao meu coração, pois acredito firmemente na relevância de compreender nossas predisposições temperamentais na forma como nos relacionamos com Deus, com nós mesmos e com o mundo ao nosso redor.

Nós fomos criados à imagem de um Deus trino, somos seres compostos de corpo, alma e espírito. Essa natureza exige de nós um equilíbrio, buscando harmonizar nossas necessidades físicas, emocionais e espirituais.

A vida cristã, portanto, envolve cuidar de cada uma dessas dimensões, reconhecendo nossa inclinação ao pecado e nossa necessidade contínua de redenção e transformação em Cristo.

Cada temperamento apresenta inclinações e tendências próprias, que podem afetar diretamente nossa vida espiritual. Por exemplo, enquanto alguns podem ser naturalmente inclinados a cuidar do corpo por meio de atividades físicas, outros podem se voltar mais facilmente para reflexões profundas, alimentando a alma e o espírito.

O desafio para todos nós, independentemente do temperamento, é buscar um equilíbrio saudável. Isso significa não apenas cuidar do corpo, por meio de práticas como exercícios físicos, alimentação balanceada e sono adequado, mas também nutrir a alma com emoções positivas, relacionamentos saudáveis e, claro, fortalecer o espírito mediante uma vida de intimidade com Deus.

Práticas espirituais como a leitura da Bíblia, oração, jejum, dízimos e ofertas são essenciais. Elas nos aproximam de Deus, permitem que nos conheçamos melhor e nos transformam à semelhança de Cristo. Por meio delas, somos capazes de dominar as inclinações negativas de nosso temperamento e nos encher do Espírito Santo.

> *Eu posso escrever dezenas de livros para ensiná-la a lidar com seu temperamento, e nenhum desses aprendizados será melhor do que você ser cheia da presença do Espírito Santo, conhecer a Palavra de Deus e usufruir da vida cheia de propósito que o Senhor tem para você aqui na Terra.*

A oração é um diálogo íntimo com Deus, pelo qual apresentamos nossos corações e ouvimos Sua voz. Seja por meio de palavras compreensíveis, em línguas ou mesmo em silêncio, orar fortalece nosso espírito e renova nossa mente. É conversando com Deus que desenvolvemos um relacionamento íntimo com Ele, encontrando paz e direção para nossa vida. A oração é a nossa oportunidade de falar tudo o que sentimos, pensamos e sonhamos. E Deus ama nos ouvir, sabia?

Sempre que estou ouvindo as histórias de meus filhos e admirando cada palavrinha errada que eles ainda dizem, o tom infantil de suas vozinhas, as ideias mirabolantes, penso em quanto prazer e alegria sinto em perceber o quanto eles fazem questão de conversar comigo. Fico, então, imaginando Deus sorrindo ao me ouvir, me abraçando quando mal consigo orar em meio ao choro sincero. E Ele sempre está ali e me vê quando fecho a porta e, sozinha, O busco em oração. Somos vistas por Deus quando oramos em secreto.

Mas, quando você orar, vá para seu quarto, feche a porta e ore ao seu Pai, que está em secreto. Então, seu Pai, que vê em secreto, a recompensará. Quando orar, não fale por falar, como fazem os gentios. Pois eles pensam que, por muito falar, serão ouvidos (Mateus 6:6-7).

Enquanto a oração é nossa oportunidade de falar com Deus, a leitura bíblica é nossa chance de ouvi-Lo. Ler a Bíblia também faz com que todas nossas experiências com Deus criem raízes saudáveis.

Absolutamente tudo o que nós precisamos aprender para moldar nosso temperamento está na Palavra de Deus. A Bíblia tem resposta para todas nossas lutas, dores, traumas, fraquezas.

Salmos 1 fala comigo de uma forma muito especial. Em minha luta diária para ser constante com minhas disciplinas espirituais, esse Salmo é como um bálsamo:

> "Ao contrário, a sua satisfação está na lei do Senhor,
> e na sua lei medita dia e noite. É como árvore
> plantada junto a ribeiros de águas: dá fruto no
> tempo certo e as suas folhas não murcham.
> Tudo o que ele faz prospera."
> **SALMOS 1-3**

O que mais desejo para mim e para você é que encontremos satisfação na Palavra de Deus. Que sejamos como essa árvore plantava junto às águas, frutificando no tempo certo, com folhas saudáveis e com uma vida próspera em todas as áreas.

Sabe, quando eu estava tentando engravidar, após a perda de nosso primeiro bebê, a expressão "dá fruto" me tocava muito. Eu vivi um tempo de muita ansiedade até encontrar um lugar à beira das águas.

Viver junto a ribeiros de águas nos faz ser constantemente alimentados do que precisamos em cada estação.

Viver junto a ribeiros de águas faz a colérica se tornar mansa; a sanguínea, tranquila; a melancólica, esperançosa; e a fleumática, entusiasmada.

E o jejum? Você já experimentou acrescentar o jejum como parte de suas disciplinas espirituais? A Bíblia conta que Jesus jejuava constantemente. Essa prática fortalece nosso espírito e nos ajuda a ter mais domínio próprio sobre nossas tendências pecaminosas.

Além disso, são diversos os pontos positivos de praticar o jejum: melhora nosso foco e nossa atenção, nos traz domínio próprio, fortalecimento da alma, além de várias melhorias em nossa saúde física.

Já os dízimos e as ofertas são expressões de nossa confiança em Deus, reconhecendo que tudo vem Dele e para Ele retorna. Ao praticarmos o dar com generosidade e sem controle, aprendemos a depender mais de Deus e menos de nossos recursos, cultivando um coração grato e aberto às bênçãos celestiais.

Nosso foco deve estar em viver de maneira que reflita o amor e a graça de Deus em todas as áreas de nossa vida. Reconhecer e entender nossos temperamentos pode nos ajudar nessa jornada, mas é vital lembrar que somos chamados a ser transformados continuamente pelo Espírito Santo. A verdadeira vida espiritual flui de um coração alinhado com Deus, buscando constantemente Sua vontade acima de tudo.

E todos nós, que com a face descoberta contemplamos a glória do Senhor, segundo a Sua imagem estamos sendo transformados com glória cada vez maior, a qual vem do Senhor, que é o Espírito (2 Coríntios 3:18).

TEMPERAMENTO SANGUÍNEO E A VIDA CRISTÃ

O temperamento sanguíneo, reconhecido por sua natureza quente e úmida, é símbolo de extroversão e comunicação. Esse temperamento reflete de maneira especial a alegria e a esperança presentes no coração de Deus. Através de suas ações e palavras, o sanguíneo espelha a renovação diária das misericórdias divinas e a visão otimista de um futuro esperançoso prometido na Bíblia.

Além disso, a facilidade em estabelecer conexões torna o sanguíneo um elemento vital em comunidades e ministérios, celebrando a vida e as conquistas alheias com genuíno entusiasmo. A adaptabilidade e a empatia são marcas registradas desse temperamento, permitindo uma proximidade afetiva e compreensiva com o próximo.

No entanto, cada temperamento tem suas lutas. No caso do sanguíneo, a impulsividade e a tendência à superficialidade podem levar a decisões precipitadas e relações menos profundas. Essas características desafiam o sanguíneo a buscar um crescimento espiritual que alinhe suas ações e seus desejos ao coração de Deus.

A inconstância e a dificuldade de manter o foco, especialmente em práticas devocionais como a leitura da Bíblia, são obstáculos que o sanguíneo enfrenta em sua jornada espiritual. Criar metas realistas e divisíveis para a leitura e meditação nas Escrituras pode ser uma estratégia eficaz para superar esses desafios.

A oração surge como uma prática espiritual fundamental para o sanguíneo. Além de ser uma forma de comunicação verbal, na qual esse temperamento se destaca, a oração oferece uma oportunidade para a reflexão profunda e o silêncio interior. Por meio dela, o sanguíneo aprende não apenas a falar com Deus, mas também a ouvir Sua voz, reconhecendo a direção divina em sua vida.

Encorajo as sanguíneas a se dedicarem à oração, buscando equilíbrio entre falar e ouvir. A quietude diante de Deus permite uma introspecção que leva ao amadurecimento espiritual, ensinando a valorizar a perseverança e a profundidade nas relações e na fé.

Por meio da oração e da meditação na Palavra, cada sanguínea é chamada a refletir a plenitude da alegria divina, transformando-se em um instrumento de amor e de esperança e perseverança no corpo de Cristo.

"Não só isso, mas também nos gloriamos nas tribulações, porque sabemos que a tribulação produz perseverança; a perseverança, um caráter aprovado; e o caráter aprovado, esperança."

ROMANOS 5:3-4

TEMPERAMENTO COLÉRICO E A VIDA CRISTÃ

O temperamento colérico, quente e seco por natureza, espelha a força de Deus. Caracteriza-se pela determinação, motivação e liderança natural, refletindo a capacidade divina de transformação. Tal como Deus renova as misericórdias a cada manhã, inspirando esperança, a colérica impulsiona mudanças significativas, seja no âmbito pessoal, na igreja ou na sociedade.

Uma colérica não apenas assume compromissos, mas os leva até o fim, uma qualidade que, se bem direcionada, fortalece as práticas espirituais.

Coléricas definem metas claras e trabalham arduamente para alcançá-las, sendo inspiração para os que as cercam. Sua tendência a auxiliar quem demonstra esforço real reflete um coração que busca justiça e transformação.

O grande desafio para a colérica reside no equilíbrio entre sua força inerente e a tendência ao orgulho e à ira. O aprendizado com temperamentos opostos, como o fleumático, encoraja o desenvolvimento da mansidão e da humildade, virtudes essenciais para a liderança eficaz e sensível.

Pessoas com esse temperamento precisam buscar uma reflexão profunda nas Escrituras. Mais do que cumprir metas de leitura bíblica, a colérica é convidada a meditar profundamente nos ensinamentos, buscando a transformação interior para que desenvolva mansidão e humildade.

Coléricas também precisam exercitar a generosidade sem controle, portanto, exercer a prática do dízimo e das ofertas irá ensiná-la sobre a importância de confiar. Confiando no uso sábio dos recursos pela Igreja ou por missionários, ajuda a quebrar as barreiras do orgulho e do desejo de controle.

A colérica, com sua energia e força, é vital para a dinâmica da Igreja e da sociedade. Reconhecer suas fraquezas e trabalhar para superá-las permite que essa força se alie à mansidão e à humildade, refletindo mais autenticamente a natureza divina. A prática de dízimos e ofertas, aliada à comunicação cuidadosa e ao estudo reflexivo da Palavra, são caminhos para a colérica desenvolver plenamente seu potencial espiritual.

"O seu falar seja sempre agradável e temperado com sal, para que saibam como responder a cada um."
COLOSSENSES 4:6

TEMPERAMENTO MELANCÓLICO E A VIDA CRISTÃ

O temperamento da melancólica é marcado pela introspecção, sensibilidade e busca pela ordem. Nas interações sociais, os indivíduos com esse temperamento tendem a ser reservadas, reflexivas e cautelosas em seus relacionamentos. No contexto religioso, a profundidade emocional e espiritual das melancólicas muitas vezes as coloca em papéis de liderança, ensino e aconselhamento dentro da comunidade da Igreja.

Uma das principais características positivas da melancólica é sua busca pela profundidade e ordem, que reflete a essência de Deus. Deus é um Deus de ordem. Sua natureza reflexiva e ponderada torna as melancólicas excelentes educadoras e conselheiras, capazes de oferecer insights profundos e sensíveis em diversas áreas da vida espiritual. Além disso, sua lealdade, seu comprometimento e sua atenção aos detalhes os tornam valiosos colaboradores em projetos que exigem precisão e dedicação.

No entanto, o temperamento melancólico também enfrenta desafios significativos. Sua propensão ao perfeccionismo pode levá-las a padrões inatingíveis e à autocrítica constante, resultando em ansiedade e desânimo. A tendência a se aprofundar demasiadamente nos aspectos negativos de uma situação pode obscurecer sua visão e minar sua esperança.

Para superar esses desafios, as melancólicas podem se beneficiar da prática da gratidão e do desenvolvimento da temperança. A gratidão as ajuda a reconhecer as bênçãos em sua vida e a cultivar uma atitude positiva em relação aos outros e ao mundo ao seu redor. A temperança, por sua vez, proporciona equilíbrio emocional e espiritual, permitindo-lhes enfrentar os desafios com serenidade e confiança.

Outro aspecto importante do temperamento melancólico é sua capacidade de empatia e compaixão. Sua sensibilidade aos sentimentos dos outros os torna excelentes intercessores, capazes de compartilhar o fardo emocional daqueles que estão sofrendo. Ao se voltarem para Deus em oração e intercessão, as melancólicas encontram conforto e força para lidar com suas próprias lutas e as dos outros.

No entanto, é crucial que as melancólicas evitem o isolamento emocional e busquem o apoio e a comunhão com outros membros da igreja. A solidão pode agravar sua tendência ao desânimo e ao pessimismo, enquanto a comunhão com outros crentes oferece encorajamento, apoio e perspectiva.

Meu esposo é melancólico. Constantemente o lembro sobre a importância de ter comunhão e fazer amigos. Um amigo com a mesma fé cristã que temos pode ser um grande presente de Deus na vida de uma melancólica. Se você é melancólica e tem dificuldades de ter comunhão na sua igreja, ore e procure por uma amiga. Tenho certeza de que isso fará muita diferença na sua vida. Abra seu coração para confiar e, se for preciso, se machucar. Pessoas são imperfeitas, mas nós fomos criadas para a comunhão. São imperfeitos caminhando com imperfeitos em busca Daquele que é perfeito, o nosso Deus.

Em resumo, o temperamento melancólico é uma dádiva de Deus, dotado de profundidade, sensibilidade e comprometimento. Embora enfrentem desafios como o perfeccionismo e o desânimo, as melancólicas podem encontrar esperança e força em sua fé e em sua igreja local. Ao cultivar uma atitude de gratidão, praticar a temperança e se comprometer com a comunhão com outros crentes, as melancólicas podem viver uma vida significativa e produtiva, refletindo a imagem de Deus em seu caráter e em suas ações.

> "Não andem ansiosos por coisa alguma, mas em tudo, por meio da oração e da súplica, com ação de graças, apresentem os seus pedidos a Deus. [...] Finalmente, irmãos, pensem em tudo o que for verdadeiro, tudo o que for digno de respeito, tudo o que for justo, tudo o que for puro, tudo o que for amável, tudo o que for de boa fama, em tudo o que houver alguma virtude ou algo de louvor."
>
> **FILIPENSES 4:6-8**

TEMPERAMENTO FLEUMÁTICO E A VIDA CRISTÃ

O temperamento fleumático é uma composição única de tranquilidade e serenidade, caracterizado por sua natureza fria e úmida. Apesar de introvertidos, os fleumáticos têm uma alma envolvente que não absorve marcas duradouras. Sua essência reflete a presença de Deus através da mansidão e da capacidade de promover a paz.

A mansidão é uma marca distintiva dos fleumáticos, que tendem a ser pacificadores naturais. Sua calma equilibrada traz estabilidade e paz aos ambientes em que estão presentes. A mulher fleumática, em particular, desempenha um papel vital ao trazer tranquilidade para o lar e para as relações interpessoais.

Além disso, os fleumáticos são pacientes, tolerantes e capazes de lidar com as dificuldades da vida com serenidade e graça. Sua gentileza e sua compaixão os tornam bons ouvintes e conselheiros, capazes de oferecer conforto e apoio aos que estão ao seu redor.

A fleumática é observadora e ama aprender. Quando ela decide estudar a Palavra, se aprofunda com muita sensibilidade.

Fleumáticas são boas ouvintes e costumam ser pastorais. Gostam de ouvir com paciência as histórias de outras pessoas e podem ser boas conselheiras.

No entanto, o temperamento fleumático enfrenta desafios próprios, como a passividade e a complacência. A tendência a evitar confrontos e tomar decisões difíceis pode levar à inércia e à falta de motivação para buscar mudanças ou novos desafios. Para superar essas fraquezas, os fleumáticos precisam encontrar um propósito e aprender a ser mais assertivos em suas ações.

Uma prática importante para os fleumáticos é o jejum, que pode ajudá-los a encontrar energia e foco para superar a passividade e a preguiça. O jejum também pode fortalecer sua disciplina espiritual e ajudá-los a discernir o propósito de Deus em sua vida.

Em resumo, o temperamento fleumático é uma dádiva de Deus, marcado pela serenidade e pela capacidade de promover a paz. Embora enfrentem desafios como a passividade e a complacência, os fleumáticos podem encontrar força e propósito em sua fé e em sua comunhão com Deus. Ao cultivarem a assertividade e a disciplina espiritual, os fleumáticos podem viver uma vida plena e significativa, refletindo a imagem de Deus em seu caráter e em suas ações.

"As mãos preguiçosas empobrecem o homem, porém as mãos diligentes lhe trazem riqueza. Aquele que faz a colheita no verão é filho sensato, mas aquele que dorme durante a ceifa é filho que causa vergonha."
PROVÉRBIOS 10:4-5

CAPÍTULO 8

PERSONAGENS BÍBLICOS

COLÉRICA COMO RUTE

Uma das maneiras de aprender na Bíblia a como vencer as fraquezas de nosso temperamento é observando os personagens bíblicos e suas histórias. Eles são gente como a gente, e suas histórias são inspiradoras.

É lindo aprender com Rute e Noemi.

Vamos começar com Rute. Ao mergulharmos no livro de Rute, identificaremos traços de um temperamento colérico, como lealdade, amor, compromisso, resiliência, força, trabalho árduo.

Se você puder, leia na sua Bíblia o livro de Rute. Essa é uma das histórias mais marcantes da Bíblia. Uma nora que larga tudo para cuidar de sua sogra. Aqui contarei com minhas palavras um resumo dessa linda história. Fique ciente de que minha análise será baseada apenas nas informações contidas na Bíblia, sem inserção de outros dados.

Antes de contar para você, de forma resumida, a história de Rute, quero adiantar que a lealdade de Rute para com sua sogra me faz pensar que ela poderia ser melancólica. Porém, diante de uma situação de extrema dor, Rute age de forma muito prática. Ela deixa de lado suas próprias emoções e necessidades, para cuidar, trabalhar arduamente e servir aquela a quem ela tanto amava, a sua sogra.

Em uma época de fome na terra de Judá, um homem chamado Elimeleque, sua esposa Noemi e seus dois filhos, Malom e Quiliom, deixaram sua cidade, Belém, em busca de alimento e oportunidades em Moabe. Lá, Malom e Quiliom se casaram com duas moabitas, Rute e Orfa. Porém, tragédias se abateram sobre essa família. Tanto Elimeleque quanto seus dois filhos morreram, e então Noemi, agora viúva, decidiu retornar à sua terra natal.

Noemi, conhecedora das tradições e dificuldades que uma viúva enfrentaria, encorajou insistentemente suas noras a retornarem às suas famílias em Moabe.

A Bíblia relata que tanto Rute quanto Orfa choraram alto ao ouvir o conselho de Noemi. (Isso me mostra que essas duas mulheres demonstram evidências de um temperamento extrovertido. As pessoas extrovertidas tendem a reagir rápido e de forma expansiva frente aos acontecimentos da vida.)

Após muita insistência de Noemi, Orfa, com pesar, decidiu voltar, mas Rute, demonstrando sua lealdade e seu afeto por Noemi, recusou-se a abandoná-la.

Com palavras firmes e comoventes, Rute expressou seu compromisso de permanecer ao lado de Noemi, dizendo: "Não me instes a deixar-te, e a não seguir-te; porque aonde quer que tu fores, irei eu, e onde quer que pousares, ali pousarei eu; o teu povo é o meu povo, o teu Deus é o meu Deus." (Rute 1: 16-17). (Em outras palavras: querida sogra, você pode insistir o tanto que quiser, mas a minha decisão já está tomada e eu serei firme nela. Jamais te abandonarei.)

Assim, as duas mulheres retornaram a Belém, onde foram recebidas com admiração e surpresa pela comunidade local. Noemi, agora chamando a si mesma de Mara, que significa amarga, lamentou sua situação diante de Deus.

Porém, Rute, com sua determinação e seu temperamento colérico, decidiu assumir a responsabilidade pelo sustento delas duas.

Com coragem e determinação, Rute propôs a Noemi que fosse aos campos para colher espigas após os ceifeiros, a fim de obterem alimento. Noemi concordou, e Rute foi trabalhar arduamente nos campos de um homem chamado Boaz. Sua diligência e honestidade logo chamaram a atenção de Boaz, que era parente de Elimeleque.

(Mais uma vez conseguimos ver a rapidez com que Rute decide trabalhar. Em vez de esperar por ajuda, ela decide ir e ser responsável pelo sustento de sua sogra.)

Boaz, impressionado com a bondade de Rute para com Noemi e sua dedicação ao trabalho, ofereceu-lhe proteção e generosidade, garantindo-lhe segurança enquanto trabalhava em seus campos. Ele também instruiu seus ceifeiros a deixarem espigas caídas propositalmente para que Rute pudesse colhê-las.

Com o tempo, Boaz se encantou com Rute e expressou seu desejo de casar-se com ela, seguindo as tradições da época. Rute, humilde e grata pela gentileza de Boaz, aceitou a proposta, tornando-se sua esposa. Eles tiveram um filho, que foi chamado de Obede, que se tornou um ancestral importante de Jesus Cristo.

O temperamento colérico é marcado por força e determinação. Rute demonstrou isso quando se recusou a abandonar sua sogra, mesmo diante de adversidades.

Em meio às incertezas, Rute demonstrou uma coragem admirável. Ela deixou sua terra e seguiu Noemi até Belém, enfrentando mudanças drásticas para cuidar e apoiar sua amada sogra. Sim, a Bíblia diz que Rute amava Noemi.

Certamente Rute não deixou a tristeza dominá-la. Esse é um traço muito presente nas coléricas.

Além disso, Rute mostrou perseverança. Sua determinação em buscar um futuro melhor para ambas a levou a trabalhar incansavelmente nos campos, mesmo quando as circunstâncias eram difíceis.

Outra características do temperamento colérico é a capacidade de liderança. Rute, de forma sutil, chamou a atenção de Boaz, um homem de grande influência, conquistando seu respeito e sua proteção. Ela foi percebida.

A lealdade de Rute também é notável. Ela seguiu os conselhos de Noemi e agiu com sabedoria ao buscar paz e ir, cumprindo com coragem uma tradição que mudaria o curso de suas vidas. Uma colérica madura ouve os conselhos daqueles a quem ela respeita.

Rute não pensou duas vezes antes de fazer o que lhe pareceu ser o certo a ser feito. E ela ama como uma colérica: cuidando, servindo e trabalhando duro pelos seus.

No fim, ela colhe os frutos de sua atitude corajosa e persistente. Torna-se uma mulher honrada e abençoada por Deus, sendo uma parte essencial na linhagem de Davi e, consequentemente, na linhagem de Jesus.

A história de Rute é uma demonstração vívida do poder do amor, da lealdade e do trabalho árduo, características inerentes ao temperamento colérico. Uma colérica é sábia. Ela usou toda a sua força com sabedoria, colhendo frutos bons.

Sua determinação em enfrentar desafios, sua lealdade à sua sogra e seu compromisso em cuidar dela são testemunhos de sua natureza forte e compassiva, que a tornou uma figura inspiradora na Bíblia e um exemplo atemporal de virtude e bondade.

A história de Rute nos ensina que o temperamento colérico, quando equilibrado com amor e fé, pode ser uma força poderosa para enfrentarmos as adversidades da vida e alcançarmos nossos objetivos.

Quando a colérica age com amor, ela transforma vidas ao seu redor.

Outros personagens bíblicos coléricos:
Apóstolo Paulo, Rebeca, Josué, Débora

MELANCÓLICA COMO NOEMI

Acabamos de analisar a história de Rute com Noemi, então você já deve estar imaginando que Noemi parece mesmo ter um temperamento melancólico. Mas aqui quero recapitular a história com o olhar voltado para Noemi.

Noemi era uma mulher israelita casada com um homem chamado Elimeleque. Eles viviam na cidade de Belém, porém, devido a uma fome na região, decidiram migrar para Moabe com seus dois filhos, Malom e Quiliom. Noemi e sua família se estabeleceram temporariamente nessa terra estrangeira.

No entanto, as circunstâncias tomaram um rumo trágico para Noemi. Primeiro, ela perdeu seu marido Elimeleque. Depois, seus dois filhos se casaram com mulheres moabitas, Orfa e Rute. Contudo, mais uma vez, a tragédia se abateu sobre Noemi, e ela perdeu também seus filhos, deixando-a viúva e sem descendência masculina.

Após essas perdas, Noemi decidiu retornar a Belém, sua terra natal. Suas noras, Orfa e Rute, inicialmente a acompanharam, mas Noemi encorajou-as a permanecerem em Moabe para encontrar novos maridos e recomeçar a vida.

(Noemi decide voltar para o seu povo. De certo modo, ela queria se sentir segura e em casa. Embora amargurada e sem esperança, Noemi escolhe um lugar que a levava de volta à sua origem. A melancólica gosta da segurança e de um lugar que ela já conheça).

Orfa concordou e voltou para Moabe, mas Rute se recusou a deixar Noemi, demonstrando um profundo laço de amor e lealdade.

Noemi insiste várias vezes para que suas noras voltem para suas famílias. Noemi demonstra empatia, sensibilidade e lealdade quando libera suas noras para viverem o que, para ela, parecia a melhor escolha. Prudente e detalhista, Noemi explicou todos os detalhes de como suas noras poderiam ter uma vida difícil ao seu lado. Pessimista. Em momento algum ela demonstra esperança e confiança.

Noemi e Rute chegaram a Belém durante a colheita da cevada. Sua chegada causou um alvoroço na cidade, e Noemi foi reconhecida por muitos dos habitantes locais. Noemi expressou sua tristeza e amargura, até mesmo alterando seu próprio nome para "Mara", que significa amargura.

(Ela ficou tão profundamente marcada — e não é para menos — que escolheu mudar o seu nome. Naquela época, o nome significava muito. Querer mudar o nome para Amarga era a expressão máxima de sua profunda dor. A melancólica sente muito, e sente intensamente.)

A história de Noemi e Rute tem uma reviravolta quando Rute começa a trabalhar nos campos de cevada de Boaz, um parente distante de Elimeleque. Por meio de uma série de eventos providenciais, Rute e Boaz acabam se casando, o que traz alegria e restauração não apenas à vida de Rute, mas também à de Noemi.

(Ei, Melancólica, creia na provisão e cuidado de Deus. Permita ser cuidada também. Não se isole. Existem pessoas que a amam e que são presentes de Deus para sua vida. Olhe bem ao seu redor.)

No fim, a história de Noemi é uma narrativa de superação de tragédias, resiliência, fidelidade e sobre como Deus pode transformar situações difíceis em bênçãos inesperadas. Sua relação com Rute também ilustra o poder do amor e do compromisso familiar, bem como a importância de cuidar uns dos outros, mesmo em meio a desafios.

Quando a melancólica descansa, no Senhor ela encontra esperança.

Outros personagens bíblicos melancólicos:
Maria, Ana, Moisés, Tomé, Esdras

FLEUMÁTICA COMO ABIGAIL

Você conhece a história de Abigail? Essa é uma personagem bíblica que admiro bastante. Abigail é uma mulher com um temperamento fleumático. Já pensou sobre isso? Vamos analisar juntas? Convido você a abrir sua Bíblia em 1 Samuel 25 para estudarmos essa história.

É uma história com três personagens principais: Nabal, um homem ruim e muito rico e poderoso; Abigail, uma mulher maravilhosa, linda e sabia; e Davi, o famoso rei Davi, que nessa época ainda não era rei.

A história começa com a morte de Samuel. A Palavra diz que toda a Israel o pranteou e o sepultou em Ramá. Depois disso, Davi foi para o deserto de Maom. Em Maom, havia um homem muito rico, chamado Nabal, que possuía mil cabras e três mil ovelhas. Ele estava tosquiando suas ovelhas em Carmelo.

Nabal era casado com Abigail, uma mulher inteligente e bonita, enquanto ele mesmo era rude e mau, descendente de Caleb.

Abigail, casada com um homem rico, mas rude e mau, é uma figura interessante para análise. É notável como ela lida com essa situação.

Davi, no deserto, soube que Nabal estava tosquiando suas ovelhas e enviou mensageiros para cumprimentá-lo em seu nome.

Davi lembrou a Nabal como ele e seus homens haviam cuidado dos pastores de Nabal enquanto estiveram em Carmelo e pediu que fossem generosos em meio às festividades.

Entretanto, a resposta de Nabal foi desrespeitosa e rude. Ele se recusou a ajudar Davi e seus homens. Nabal não foi justo com Davi e seus servos, provocando, então, uma reação de Davi.

Davi ficou muito furioso e decidiu tomar medidas drásticas. No entanto, um dos servos de Nabal, reconhecendo a sabedoria de Abigail, foi até ela e relatou toda a situação. Abigail, ao tomar conhecimento da situação, agiu com praticidade e prudência. (Abigail era vista como alguém capaz de conciliar.)

Ela preparou uma grande quantidade de alimentos e suprimentos e partiu para encontrar Davi, enquanto Nabal estava ocupado em um banquete. Abigail discretamente encontrou Davi e seus homens e, com humildade e sabedoria, intercedeu em favor de seu marido e sua família. Ela reconheceu o erro de Nabal e pediu misericórdia a Davi.

(Enquanto seu marido promovia o ódio, Abigail era rápida em pacificar. De forma muito prática, ela juntou rapidinho duzentos pães e alguns presentes para encontrar Davi. A fleumática divide uma característica muito semelhante com a colérica: praticidade.)

Abigail demonstrou características típicas de uma pessoa com temperamento fleumático. Ela foi prática, paciente, calma e evidenciou habilidade para conciliar conflitos. Mesmo diante de uma situação perigosa, ela agiu com humildade, coragem e determinação, mas sem perder a compostura. Sua intervenção foi crucial para evitar uma tragédia.

Quando Davi soube da morte de Nabal, ele reconheceu a sabedoria e a bondade de Abigail e agradeceu a Deus por tê-la enviado para interceder em seu favor. Davi, então, propôs casamento a Abigail, e ela aceitou.

Essa mulher transformou a situação triste em uma grande lição para Davi. (Fleumáticas são mestres em criar conceitos a partir de suas dores e dificuldades.) Ela profetizou um futuro bom sobre a vida de Davi e o fez enxergar os frutos que colheria com sua bondade e obediência a Deus.

Abigail conseguiu, por meio de sua empatia e ousadia, falar direto ao coração de Davi, que ficou tão impactado a ponto de desistir de fazer o mal.

É interessante também observar o quão paciente Abigail foi ao permanecer fiel ao seu esposo e, acima de tudo, a Deus. Ela demonstrou a paciência de quem confia em que há um tempo certo para todas as coisas.

A história de Abigail nos ensina lições importantes sobre paciência, humildade e sabedoria. Ela é um exemplo de como uma pessoa pode enfrentar situações difíceis com calma e determinação, buscando sempre a paz e a reconciliação.

Espero que você tenha apreciado essa análise da história de Abigail.

Quando a fleumática assume seu propósito, ela se torna inesquecível.

Outros personagens bíblicos fleumáticos:
Abraão, Filipe, José (pai de Jesus), Jacó

SANGUÍNEA COMO SARAH

Vamos mergulhar um pouco mais na história de Sara, também conhecida como Sarai, e depois como Sarah, uma mulher cujos comportamentos foram transformados pelo Senhor ao mudar seu nome.

Naquela época, o nome tinha um peso simbólico significativo, e na jornada de Sarah, testemunhamos uma mudança profunda e marcante.

Nos versículos de Gênesis, somos transportados para a vida de Sarah e Abraão, onde as promessas divinas de sua maternidade e da vasta descendência de Abraão são o centro das atenções.

Sem querer prolongar o suspense, permita-me destacar Sarah como um exemplo de maturidade sanguínea. Ela passou por uma metamorfose em sua fé ao longo dos anos. Quando ainda era Sarai, sua relação com Deus era superficial, carente de profundidade espiritual.

Quando Deus prometeu a Abraão que ele seria pai, Sarah não conseguiu esperar no Senhor, nem confiar plenamente Nele. Em vez disso, ela tomou uma decisão precipitada e desesperada, oferecendo sua serva, Agar, para que Abraão pudesse ter um filho. Essa ação, embora compreensível, dada a sua situação de esterilidade e a pressão cultural da época, revelou uma falta de fé e confiança em Deus para cumprir Suas promessas.

(A impulsividade e instabilidade estão presentes na pessoa sanguínea que ainda não amadureceu seu temperamento. Sanguíneos que não se aprofundam em Deus e não se conhecem bem tendem a tentar resolver tudo com suas próprias mãos de modo a controlar rápido a situação.)

A falta de confiança levou Sarah a agir impulsivamente, buscando soluções por conta própria e enfrentando as consequências de suas escolhas. Seu desespero diante das adversidades a levou a tomar medidas extremas, demonstrando uma sanguínea imatura e dominada pelo drama e pela insegurança.

Ao entregar Agar para Abraão, Sarah tentou controlar a situação, mas, como tantas vezes acontece quando tentamos controlar nosso destino, as coisas saíram do controle. As tensões resultantes entre Sarah e Agar revelaram uma mulher ferida e desorientada, incapaz de lidar adequadamente com suas próprias emoções e as demandas da situação.

(O controle é uma característica do temperamento sanguíneo quando está diante de situações que o fazem se sentir inseguro.)

No entanto, a história de Sarah é uma história de redenção. Deus mudou sua história ao mudar seu nome, transformando sua vida de uma maneira que ela jamais poderia ter imaginado. Sarah, antes insegura e controladora, tornou-se a mãe da promessa de Deus. A mudança de seu nome simbolizou não apenas uma nova identidade, mas também uma nova fé e confiança no Senhor.

Essa história nos ensina que, mesmo em nossas fraquezas e momentos de desespero, podemos confiar em Deus para cumprir Suas promessas. Não precisamos controlar tudo; basta confiar e entregar nossa vida nas mãos do Senhor, sabendo que ele é fiel para cumprir o que prometeu.

Uma sanguínea firmada no Senhor vive o impossível.

Outros personagens bíblicos sanguíneos:
Rei Davi, Priscila, Pedro

TRANSFORMADA PELO ESPÍRITO SANTO

Ao longo desse livro, você tem aprendido sobre a importância de ser vulnerável e sincera consigo mesma para que consiga se conhecer melhor.

O autoconhecimento precisa nos levar para um lugar de humildade. Se em algum momento você perceber que aprender mais sobre quem você é está gerando em você um sentimento de autossuficiência ou autoestima exacerbada, arrependa-se.

Seu temperamento não justifica suas falhas e seus pecados.

> **O conhecimento sobre você e sobre como suas emoções funcionam precisa levá-la para a Presença. A presença de seu Pai.**

Se você é mãe, provavelmente concordará comigo que nós amamos nossos filhos com a mesma medida, mas cada um de nossos filhos nos ama de um jeitinho diferente. Existem filhos que buscam a atenção e o carinho da mãe o dia inteiro, enquanto outros parecem não necessitar tanto.

É um fato que a necessidade de amor e de se sentir filho é para todos, mas alguns filhos naturalmente buscam mais.

Que tipo de filha você tem sido? A Presença do seu Pai perfeito é o seu lugar favorito?

*"Tu me farás conhecer o caminho da vida,
há alegria plena na tua presença,
eternos prazeres à tua direita."*
SALMOS 16:11

É na Presença do Pai que a sanguínea encontra força pra permanecer.

É na Presença do Pai que a colérica encontra calma e paz.

É na Presença do Pai que a melancólica encontra esperança.

É nessa Presença que a fleumática encontra ânimo.

É na doce Presença que encontramos cura e nos descobrimos filhas.

Eu amo a história da mulher do fluxo de sangue.

*"Havia ali uma mulher que padecia de hemorragia
por doze anos, mas ninguém podia curá-la.
Aconteceu que ela chegou por trás de Jesus e
tocou na borda do seu manto. Imediatamente, a
hemorragia cessou. — Quem tocou em mim? —
perguntou Jesus. Porque todos negavam, Pedro
disse: — Mestre, a multidão se aglomera e te
comprime. Jesus, porém, disse: — Alguém me tocou,
pois sei que de mim saiu poder. A mulher, ao ver que
não conseguiria passar despercebida, veio tremendo
e prostrou-se aos seus pés. Na presença de todo o
povo, contou por que tinha tocado nele e como fora
instantaneamente curada. Então, ele lhe disse:
— Filha, a sua fé curou você! Vá em paz."*
LUCAS 8:43-48

Imagine a cena: uma multidão compacta, um emaranhado de pessoas se aglomerando ao redor de Jesus enquanto ele caminhava pelas ruas. No meio dessa confusão de vozes e rostos, surge uma mulher. Uma mulher buscando pela Presença. Ela não é notável pela sua aparência ou posição social; na verdade, ela tenta se esconder na multidão, envergonhada de sua condição de impureza. Mas sua determinação é firme, seu coração pulsando com a esperança de encontrar a cura na presença de Jesus. Ela avança, apesar das dificuldades, empurrando contra os corpos que se interpõem em seu caminho, até que finalmente, com mãos trêmulas, consegue tocar a borda do manto de Jesus. Nesse momento, ela não apenas toca o tecido, mas alcança a Presença Divina, e sua fé a transforma.

Enquanto a multidão se movimenta ao redor de Jesus, Ele para de repente. Ele sente algo. Seus olhos procuram entre a multidão até encontrarem a mulher. Não é o toque físico que O chama, mas a busca sincera e desesperada dessa alma sedenta por Sua Presença, que cura e redime. Jesus vê além da aparência física e da impureza ritual; Ele vê a fé inabalável e a busca genuína por sua presença. Em meio à agitação da multidão, Ele encontra um coração sincero e humilde, e Seu coração se enche de compaixão e amor.

Quando Jesus se volta para a mulher, Seus olhos transbordam de compaixão e ternura. Ele a chama de "filha", uma expressão de intimidade e cuidado que transcende qualquer título terreno. Ao chamá-la de filha, Jesus não apenas a cura de sua doença física, mas também restaura sua dignidade e identidade como parte da família de Deus. Ele a ensina que sua fé a tornou digna, que Seu toque não apenas a curou, mas a transformou em uma filha amada do Pai Celestial. Essa experiência a liberta não epenas da aflição física, mas também das correntes da vergonha e da exclusão social, permitindo-lhe viver em plena comunhão com Deus e sua comunidade.

Uau! Quanto privilégio ser filha. Essa mulher buscou a cura física, mas ganhou muito mais. Foi na Presença que ela se descobriu filha.

Hoje nós não conseguimos nos juntar à multidão que caminha até Jesus aqui na Terra. Mas nós temos o privilégio e a chance de sermos cheias do Espírito Santo.

> "E eu pedirei ao Pai, e ele dará a vocês outro Conselheiro, que esteja com vocês para sempre: o Espírito da verdade. O mundo não pode recebê-lo, porque não o vê nem o conhece. Vocês, porém, o conhecem, pois ele vive com vocês e estará em vocês. Não os deixarei órfãos; voltarei para vocês. Dentro de pouco tempo, o mundo não me verá mais; vocês, porém, me verão. Porque eu vivo, vocês também viverão."
> (JOÃO 14:16-19)

Você terá seu temperamento transformado à medida que é cheia do Espírito Santo.

Não tenha pressa, crescer leva tempo, viver transformações importantes leva tempo.

Eu lembro de quando criança, junto com minha mãe, plantar feijão no algodão. Aquele feijão brotava e se transformava em uma plantinha. Embora levasse algum tempo, eu curtia a jornada. Todos os dias, eu molhava aquele algodão e aproveitava cada pequeno movimento em direção à transformação daquele feijãozinho em uma planta.

A transformação genuína e duradoura só ocorre por meio da obra do Espírito Santo em nossa vida. E essa obra leva tempo.

Ele é a força capacitadora que nos capacita a transcender nossos desafios temperamentais e a refletir o caráter de Cristo em todas as esferas de nossa existência. Como mulheres cristãs, somos chamadas a viver à luz dos frutos do Espírito — amor, alegria, paz, paciência, bondade, fidelidade, mansidão e domínio próprio —, mesmo quando nossos temperamentos naturais nos empurram na direção oposta.

Cada temperamento traz consigo suas próprias lutas e seus desafios. Para algumas de nós, pode ser a tendência de sermos impulsivas ou reativas, enquanto para outras, pode ser a luta contra o perfeccionismo ou a tendência a se preocupar excessivamente. No entanto, independentemente de nossas lutas individuais, o Espírito Santo está sempre presente para nos capacitar a superá-las e a viver uma vida que glorifica a Deus.

Se conheça, aprenda sobre seu temperamento, analise quais são suas fraquezas e inclinações pecaminosas. Seja profunda. Peça ao Espírito Santo ajudá-la nessa jornada. O salmista é um exemplo de sinceridade e humildade:

> "Sonda-me, ó Deus, e conhece o meu coração;
> prova-me, e conhece as minhas inquietações.
> Vê se no meu caminho algo te ofende,
> e dirige-me pelo caminho eterno."
> SALMOS 139:23-24

Se aceite, em todos os sentidos. Aceite as qualidades lindas que seu temperamento traz pra você, aceite que você é uma filha amada, aceite que seu temperamento é um presente de Deus e que você não precisa ter outro temperamento.

Mas também aceite que você é pecadora e precisa de arrependimento e perdão.

"Se confessarmos os nossos pecados, ele é fiel e justo para perdoar os nossos pecados e nos purificar de toda injustiça."
1 JOÃO 1:9

Se transforme. O poder para viver essa transformação não está em você, mas você tem o poder de escolher buscar a Presença e ser cheia do Espírito que transforma.

Quando você está cheia de Espírito Santo, no seu espírito não há espaço para outro fruto que não seja do Espírito.

"Não se embriagueis com vinho, que leva à libertinagem, mas sejam cheios do Espírito."
EFÉSIOS 5-18

"Por isso, digo: vivam pelo Espírito, e de modo nenhum satisfarão os desejos da carne."
GÁLATAS 5:16

"Já que vivemos no Espírito, andemos também pelo Espírito."
GÁLATAS 5:25

À medida que assumimos nossa identidade de filha e investimos tempo de qualidade na Presença do nosso Pai, somos transformadas de glória em glória. E "de repente" nos percebemos mais calmas, e "de repente" notamos que estamos transbordando em Amor pelo próximo, e "de repente" sentimos a esperança tomando conta de nosso coração, que antes viviam ansioso e com medo do futuro.

> *"Que o Deus da esperança os encha de toda alegria e paz por crerem nele, para que vocês transbordem na esperança e no poder do Espírito Santo."*
> **ROMANOS 15:13**

PROPÓSITO

PROPÓSITO é parte integral de quem somos. É fazer Jesus conhecido de uma forma específica. Seu TEMPERAMENTO tem muita influência sobre como você viverá seu propósito. Por isso é tão importante você se conhecer.

Muitas pessoas deixam de viver seus propósitos porque não se conhecem.

O meu propósito de vida é ajudar mulheres a se conhecerem melhor para que sejam transformadas por Jesus e vivam seus propósitos. O meu propósito é fazer com que você viva o seu propósito.

Eu preciso que você saiba que seu propósito será sempre sobre o outro. Seu propósito é servir pessoas. Não é sobre você. É sobre como você pode se conhecer melhor, para que se torne uma pessoa melhor, transformada pelo Espírito Santo, cheia do Amor do Pai, sabendo que é filha, para que, então, você sirva.

Jesus é o filho amado que se tornou Servo e se entregou por Amor. Ele é o nosso maior exemplo.

INADEQUADA

Provavelmente você se sentirá inadequada ou incapaz de viver seu propósito. Você não está sozinha.

Moisés se sentiu inadequado para viver o chamado. Jeremias se sentiu inadequado para viver seu propósito. A boa notícia é que Deus nunca espera de você uma autoconfiança exacerbada capaz de te fazer autossuficiente. Tudo o que você precisa é de um coração humilde capaz de obedecer e depender de Deus.

Deus faz com você aquilo que você não quer.

Calma. Eu explicarei.

Você já experimentou enxergar em alguém um potencial que a própria pessoa não enxerga?

Eu amo a seguinte frase que está no livro da Viviane Martinello (*Mulheres improváveis*): "Deus esconde aquele que deseja estar exposto, mas expõe aquele que deseja estar escondido".

Deus faz com você aquilo que você não quer. Porém Ele faz com você e através de você além do que seus olhos conseguem ver.

A mulher samaritana era uma pessoa inadequada e comum, marcada por escolhas e circunstâncias que a deixaram isolada e desvalorizada pela sociedade. Ela vivia em Sicar, uma aldeia na região de Samaria, e todos os dias enfrentava a dura realidade de ser uma mulher marginalizada, rejeitada pelos próprios conterrâneos por causa de seu passado e sua condição social.

Um dia, enquanto se dirigia ao poço local para buscar água, ela encontrou Jesus, um judeu cansado da jornada, sentado à beira do poço. Esse encontro, aparentemente casual, se transformaria em um momento de profunda revelação e transformação para ela. Jesus, ultrapassando as barreiras sociais e étnicas da época, iniciou uma conversa com ela, pedindo-lhe água para beber.

Surpreendida com a atitude de Jesus, a mulher samaritana questionou o motivo de Ele, sendo judeu, pedir algo a uma samaritana. Mas Jesus não Se deteve nessa diferença; ao contrário, Ele a viu além de suas circunstâncias e escolhas passadas. Ele sabia tudo sobre ela, até mesmo os detalhes mais íntimos de sua vida, e ainda assim, Ele a acolheu com amor e compaixão.

Durante a conversa, Jesus revelou à mulher samaritana verdades profundas sobre a vida e a fé. Ele lhe ofereceu "água viva", uma metáfora para a vida eterna e a salvação que só Ele poderia dar. Ele tocou em sua sede espiritual mais profunda, mostrando-lhe que a verdadeira felicidade e realização só poderiam ser encontradas através de um relacionamento pessoal com Deus.

O coração da mulher samaritana foi tocado pelo amor e pela graça de Jesus. Ela reconheceu sua própria necessidade de redenção e transformação, e sua vida foi completamente mudada. Ela deixou seu cântaro de água para trás e correu de volta à sua aldeia para contar às pessoas sobre o encontro com Jesus. Seu testemunho levou muitos a acreditarem em Jesus como o Messias.

O amor de Jesus pela mulher samaritana transcendeu todas as barreiras e preconceitos. Ele viu além de seu passado, suas falhas e sua condição social. Ele viu um coração arrependido e sedento por propósito e significado. E com Seu amor transformador, Ele não apenas mudou a vida dela, mas também a usou para espalhar Sua mensagem de esperança e salvação para os outros. A história da mulher samaritana é um lembrete poderoso do amor incondicional e da graça redentora de Jesus, que está disponível para todos nós, independentemente de quem somos ou do que fizemos.

Na próxima vez que você pensar não ser capaz de ter uma vida cheia de propósito, lembre-se de Moisés, de Jeremias, de Noé, de Pedro, de todos os discípulos.

E se por um acaso você já se sentiu alcançada pelo meu ministério, lembre-se também de mim.

Eu fui uma adolescente tímida, que sentia que tinha um lugar na grande comissão, que desejava viver uma vida com propósito, mas me sentia inadequada. Eu me achava sem graça demais e incapaz de alçar voos altos. Mas decidi acreditar no que o meu Pai dizia sobre e para mim. Simplesmente obedeci.

Comecei com o que eu tinha em mãos. E mesmo me sentindo inadequada, eu fui.

Às vezes, a cura vem enquanto caminhamos em obediência.

Ele chama a introvertida para pastorear pessoas.

Ele chama a extrovertida para o lugar secreto.

O tímido para as multidões.

E o mais incrível, Ele chama você para viver uma vida com propósito, muito além do que você acredita ser capaz.

Obedeça e acredite: você tem um temperamento, mas é muito mais do que seu temperamento. Você é filha. Você é aquilo que Deus diz sobre você.

Portanto, não deixe que a dúvida ou o medo de inadequação te impeçam de viver plenamente o propósito que Deus tem para você. Assim como Moisés, Jeremias e a mulher samaritana, você pode encontrar forças na sua fraqueza e confiar na capacitação que vem de Deus. Ele não espera perfeição ou autoconfiança exagerada, mas sim um coração disposto a obedecer e depender d'Ele.

Lembre-se, a jornada rumo ao propósito pode ser desafiadora e desconfortável às vezes, mas é nesses momentos de confiança e obediência que vemos o poder transformador de Deus agindo em nossas vidas. Ele escolhe os improváveis, os que se sentem inadequados, para realizar grandes feitos através da Sua graça.

Então, siga em frente com fé, sabendo que o seu temperamento não define seus limites, e que em Deus você encontra toda a capacitação necessária para viver uma vida plena de significado e propósito. Você é amada, é chamada e é usada por um Deus que vê além das suas circunstâncias, capacitando-a a impactar o mundo ao seu redor com amor e esperança.

Que você descubra cada vez mais a beleza de ser quem você é:

Você, maravilhosamente criada por Deus.

O seu temperamento, um presente do Pai pra você.

E a sua vida cheia de significado e propósito.

TESTE PARA DESCOBRIR O SEU TEMPERAMENTO

Antes de fazer o teste dos temperamentos, gostaria de explicar algumas coisas importantes.

Primeiramente, é crucial que você seja extremamente vulnerável e honesta em suas respostas. Muitas vezes, tendemos a responder de acordo com como gostaríamos de ser ou agir, em vez de expressar nosso verdadeiro instinto. O temperamento é intrínseco, é nossa natureza, é a nossa reação natural, sem filtro.

Por exemplo, ao responder se perdoaria alguém rapidamente ou não, não responda com base em um ideal ou crítica, mas sim com base em seu instinto. Você pode sentir vontade de não perdoar e se chatear muito, ou pode perdoar facilmente ao se colocar no lugar da outra pessoa. Seja honesta consigo mesma, pois não quero que seu teste dê errado.

Outro ponto importante é se lembrar de sua adolescência, uma fase em que sua personalidade ainda não estava totalmente desenvolvida e você agia mais por instinto.

Além disso, atente-se à diferença entre timidez e introversão. A timidez é o medo da opinião dos outros, então, mesmo sendo extrovertida, você pode agir de forma retraída devido à timidez. Ao responder as perguntas do teste, leve em conta seu instinto, não sua timidez.

E se você tem fé em Jesus, pense em como era antes de ter sua vida transformada por Ele, pois o temperamento é parte da natureza humana, que é pecaminosa. Portanto, seja sincera e honesta consigo mesma ao responder as perguntas do teste.

Você pode adaptar essas perguntas para descobrir o temperamento de outras pessoas, como crianças, por exemplo. Pense em como sua criança se comporta em determinadas situações e adapte as perguntas para o universo infantil.

Desejo um bom teste e estou ansiosa para saber qual foi seu resultado.

Espero que esteja adequado às suas expectativas!

Leia o QR CODE e descubra o seu temperamento.

Compartilhe seu resultado comigo, marque @robertafazio nas redes sociais.

AGRADECIMENTOS

Ao escrever este livro, senti uma profunda gratidão. É com essa imensa gratidão que expresso minha sincera apreciação a todos que tornaram este projeto uma realidade.

Primeiramente, agradeço a Deus, cuja presença e Palavra são a base de tudo o que faço. Ele é o único capaz de nos fazer viver uma vida com propósito. Ele é Aquele que traz significado para cada um dos meus dias. Ele é a fonte da minha alegria. Sem Ele, nada teria valor.

Meu amor e gratidão se estendem ao meu marido, que não só é meu companheiro de vida e grande amor, mas também meu líder e confidente. Sua sabedoria e amor têm sido um farol, guiando nossa família com graça e integridade. Foi ele quem me desafiou pela primeira vez a viver uma vida cheia de propósitos.

A Daniel e Carolina, meus filhos preciosos, dedico meu profundo agradecimento. Eles são minha motivação diária para buscar sabedoria e discernimento, e sou infinitamente grata a Deus por tê-los como meus filhos.

Aos meus pais, cujo apoio inabalável e amor incondicional moldaram quem eu sou hoje, meu coração transborda de gratidão. Eles são meus grandes incentivadores, apoiadores e amigos. A nossa conexão e amor são inexplicáveis. Sinto a força da oração deles me sustentando todos os dias.

Agradeço também aos meus sogros, cuja presença e constante intercessão têm sido um suporte imensurável. Sou grata a Deus por ter me presenteado com sogros tão especiais.

Minha querida cunhada Juliana merece meu reconhecimento. Ju é uma psicóloga que dedica sua vida para cuidar dos missionários que estão em campo e carentes de aconselhamento e cuidado psicológico. Ela vive uma vida com propósito e me ensina muito ao longo dos últimos 12 anos em que vivemos tão próximas.

A toda a minha família - irmãos, cunhadas, concunhados, sobrinhos e tios - expresso minha gratidão pelo amor, apoio e alegria que compartilhamos.

Aos meus avós, como sinto falta deles. Minha avó Amparo, de quem herdei o amor pelos desenhos e pela arte.

Por fim, agradeço à JOCUM, onde encontrei crescimento e preparação para os desafios que enfrento hoje. Cada experiência vivida lá moldou meu entendimento do propósito de Deus para minha vida.

Eu sou grata. Simplesmente grata.

"Eu te louvarei, Senhor, com todo o meu coração; contarei todas as tuas maravilhas." (Salmos 9:1)

Com amor e gratidão,

Roberta Fázio

Este livro é parte do meu curso "Temperamentos na vida cristã". Se você quiser se aprofundar ainda mais nesse assunto, acesse o site www.temperamentosnavidacrista.com.br e conheça mais.

grupo novo século

Compartilhando propósitos e conectando pessoas

Visite nosso site e fique por dentro dos nossos lançamentos:
www.gruponovoseculo.com.br

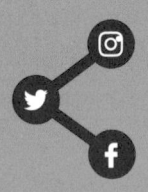

Ágape

- facebook/novoseculoeditora
- @novoseculoeditora
- @NovoSeculo
- novo século editora

gruponovoseculo.com.br

Edição: 1ª
Fonte: Lora